Martin Heidegger zur Einführung

Günter Figal

Martin Heidegger zur Einführung

JUNIUS

Junius Verlag GmbH
Stresemannstraße 375
22761 Hamburg
Im Internet: www.junius-verlag.de

Umschlaggestaltung: Florian Zietz
Titelfoto: akg-images
Satz: Junius Verlag GmbH
Printed in the EU 2020
ISBN 978-3-88506-750-4
8., ergänzte Aufl. 2020

Bibliografische Information Der Deutschen Nationalbibliothek
Die Deutsche Nationalbibliothek verzeichnet diese Publikation in der Deutschen Nationalbibliografie; detaillierte bibliografische Daten sind im Internet über http://dnb.dnb.de abrufbar.

Inhalt

Vorbemerkung

Dass diese erstmals vor mehr als zwanzig Jahren veröffentlichte Einführung zu Heidegger nunmehr in siebter Auflage erscheinen kann, zeigt, dass sie ihre Aufgabe immer noch erfüllt: in knapper Form mit wesentlichen Gedanken und Gedankenmotiven Heideggers bekannt zu machen und so eine Art Schlüssel zur Beschäftigung mit seiner Philosophie zu sein. Die vorliegende siebte Auflage unterscheidet sich allerdings von den vorangegangenen Auflagen deutlich. Nachdem die Veröffentlichung der so genannten ›Schwarzen Hefte‹ das ganze Ausmaß von Heideggers nationalsozialistischer Verstrickung offenkundig gemacht hat, wollte ich den Text nicht unverändert lassen. Die Veränderungen betreffen vor allem die Einleitung, die Abschnitte über die 1930er und 1940er Jahre einschließlich des Rektorats sowie den resümierenden Abschluss. Aber ich habe den ganzen Text noch einmal gründlich gelesen und ihn, wo es mir nötig schien, revidiert. Dabei ist ein neues Buch entstanden, auch wenn viele seiner Sätze mit denen der früheren Fassung identisch sind.

Freiburg im Breisgau, September 2015 Günter Figal

1. Einleitung

Das Werk Martin Heideggers ist selten gelassen aufgenommen worden. Es hat Bewunderung ebenso erregt wie – zum Teil erbitterte – Kritik. Heideggers Denken wurde für das tiefste und weitreichendste der Moderne gehalten, und ebenso hat man sich an seinen sprachlichen Manierismen gestoßen und angenommen, was als Tiefsinn erscheine, sei nichts als die Beschwörung leerer Worte. Außerdem ist das Werk eines Philosophen, der zu den wirkungsvollsten seiner Zeit und nicht nur seiner Zeit gehört und sich zugleich zum Nationalsozialismus bekannte, eine Herausforderung. Ist Heideggers Denken, zumindest sein Denken seit dem Anfang der 1930er Jahre, so tief von seinen politischen und ideologischen Verblendungen geprägt, dass man es im Ganzen für ideologisch halten müsste? Oder lässt sich das Denken von den politischen Überzeugungen des Denkers trennen? Die Antwort ist schwierig, und sie ist seit der Veröffentlichung der so genannten ›Schwarzen Hefte‹ im Rahmen der Gesamtausgabe noch schwieriger geworden. Heideggers Aufzeichnungen in diesen bis in die späten Jahre geführten Notizbüchern lassen deutlich werden, dass sein nationalsozialistisches Engagement tiefer war und auch länger andauerte, als man allein auf der Grundlage der früher zugänglichen Quellen annehmen musste, und sie zeigen, dass er sich auch in den Nachkriegsjahren nicht zu einem klaren und selbstkritischen Wort des Bedauerns durchringen konnte. Während Heideggers im engeren Sinne philosophische Texte aus den 1930er und frühen 1940er Jahren von ideologischen und politischen

Äußerungen so gut wie frei sind, findet man in den ›Schwarzen Heften‹ jener Jahre ein irritierendes Gemisch aus philosophischen Überlegungen, politischen Überzeugungsbekundungen und abstoßenden, von Ressentiment geleiteten, zum Teil aggressiven antisemitischen Äußerungen. Wie das Verhältnis von Philosophie und Ideologie einzuschätzen ist, wird sich nur in gründlichen Einzeluntersuchungen klären lassen. Doch gewiss wird man Heideggers Philosophie von der Ideologie, die ihn zumindest eine Zeit lang beherrschte, *unterscheiden* können. Es gibt philosophische Gedanken, auch aus den 1930er und 1940er Jahren, die auch ohne die ideologischen Konkretisierungen, die Heidegger von ihnen gibt, formuliert und kritisch diskutiert werden können. Und erst recht sollte man Heideggers ideologische Prägung in den 1930er und 1940er Jahren nicht auf die 1920er Jahre, wohl seine philosophisch wichtigste und produktivste Zeit, zurückprojizieren. Nicht zuletzt die Philosophie der 1920er Jahre, wie sie in Heideggers Hauptwerk *Sein und Zeit* kulminiert, macht seine philosophische Wirkung aus. Wollte man auch dieses Werk und so Heideggers Philosophie im Ganzen als ideologisch geprägt verstehen, müsste man auch sagen, dass eine Reihe bedeutender Philosophen des 20. und 21. Jahrhunderts, ohne es zu bemerken, durch ein nationalsozialistisches oder faschistisches Denken beeinflusst gewesen seien, und das ist eine wenig plausible Annahme.

Die moderne Philosophie sähe ohne Heidegger anders aus. Ohne ihn wäre der Existentialismus Jean-Paul Sartres ebenso wenig möglich gewesen wie die Ethik der Alterität von Emmanuel Levinas; Hans-Georg Gadamer hätte seine philosophische Hermeneutik ohne Heidegger nicht entwickelt, Michel Foucault ohne die Anregung durch Heidegger anderes geschrieben, und Jacques Derridas Philosophie der Dekonstruktion wäre ohne die Auseinandersetzung mit Heidegger nicht entstanden. Ähnliches gilt für viele andere Philosophen, und zwar nicht nur für solche, die der so genannten ›kontinentalen‹ Philosophie zuzurechnen sind, also den Traditionen der Phänomenologie und der Hermeneutik. Auch analytische oder analytisch geprägte Philosophen wie Stanley Cavell oder Richard Rorty, haben mit Heidegger gedacht und über ihn geschrieben. Nach Heidegger lässt sich die Philosophie nicht ohne Heidegger verstehen.

Heideggers Wirkung ist wohl nicht zuletzt so groß und anhaltend, weil er als einziger Philosoph des 20. Jahrhunderts eine neue Sicht auf die Geschichte der Philosophie im Ganzen eröffnet hat: Es ist Heidegger zu verdanken, dass klassische Autoren wie Platon und Aristoteles, Kant oder Hegel neu gelesen werden können. Die Fragmente von Parmenides und Heraklit wären ohne ihn wahrscheinlich Gegenstände spezialisierter Forschung geblieben. Dass man Nietzsche als Philosophen ernst nimmt, geht auf die Interpretationen Heideggers zurück. Auch Kierkegaard oder Dilthey hätten es ohne Heidegger gewiss schwerer gehabt, in der akademischen Philosophie hoffähig zu werden.

Und schließlich: Heidegger hat in seinen intensiven Interpretationen der philosophischen Tradition sich immer wieder die Frage gestellt, was Philosophie ist und wie man Philosophie betreiben kann, ohne die Geschichte der Philosophie zu vergessen und ohne zum bloßen Verwalter des Überlieferten zu werden. Heidegger hat den geschichtlichen Charakter der Philosophie ernst genommen; es war ihm klar, dass eine Philosophie, die ihre Tradition ignoriert, hinter ihren Möglichkeiten zurückbleibt, allein schon, weil sie dann ihre Eingebundenheit in die Tradition nicht durchschaut. Doch Heidegger hat andererseits immer daran festgehalten, dass Philosophie mehr ist als ihre eigene Geschichte – immer dann, wenn sie sich einer sachlichen Frage unterstellt. Das ist, dem Selbstverständnis Heideggers nach, die Frage nach dem Sein – die Frage, von der Heidegger dachte, dass sie die Zentralfrage der Philosophie überhaupt sei.

Im Allgemeinen, zumindest am Anfang der Beschäftigung mit Heidegger, weiß man nicht genau, was mit der ›Seinsfrage‹ gemeint ist, und dann liegt es auch nahe, Heideggers oft rätselhafte Formulierungen als bloßen Wortzauber abzutun. In der Tat ist es schwierig, die Frage nach dem Sinn von ›Sein‹, so abstrakt, wie sie zunächst erscheint, zu verstehen. Und wenn man mit einer unvermittelten Erläuterung dieser Frage beginnt, gelangt man schnell ins Programmatische und übersieht, dass Heidegger die angeblich zentrale Frage der Philosophie oft indirekt erläutert und dabei seine reichsten und anschaulichsten Gedanken entwickelt. Um Heidegger zu verstehen, sollte man deshalb die »Seinsfrage« erst einmal auf sich beruhen lassen. Einen Zugang zu seinem Philosophieren findet man sehr viel leichter, wenn man verfolgt, wie Heidegger seine Gedanken entwickelt und die Sachverhalte, an denen er diese Gedanken festmacht, beschreibt. Beginnt man mit seinen ersten eigenständigen Überlegungen, dann kristallisieren sich die zentralen Motive und Gedankenfiguren seiner Philosophie bald heraus.

Obwohl Heidegger diesen Motiven und Gedankenfiguren durchgängig treu bleibt, bietet sein Werk keine allmählich fortschreitende Entwicklung eines bereits früh entworfenen Programms. Es ist vielmehr ein gigantischer Torso; immer wieder setzt er neu an, wechselt seine Begriffe oder, was noch schwieriger zu überschauen ist, verwendet einmal eingeführte Begriffe in neuen Bedeutungen. Seine Schriften und Vorlesungen dokumentieren ein rastloses Experimentieren mit dem eigenen philosophischen Ansatz; in ihnen versucht Heidegger immer neue Darstellungen, immer neue Fassungen seiner Gedanken zu finden. So gelangt Heidegger beim Versuch der Durchführung seines Programms zu Lösungen, die sich nicht mehr aufeinander reduzieren lassen, sondern in ihrer Verschiedenheit und Vorläufigkeit stehen bleiben. Er verrennt sich auch, indem er seine Überlegungen hart an die Grenze der Nachvollziehbarkeit treibt. Doch immer findet er neue Wege: neue Möglichkeiten, das, was ihn als Denker bewegt, in Worte zu fassen.

Wer Heideggers Philosophieren verstehen will, muss sich auf den experimentellen Charakter seines Werkes einlassen. Einen Zugang zu ihm findet man deshalb vor allem an den Brüchen und Bruchstellen. Dort sieht man, mit welcher Konsequenz Heidegger seine Fragestellung verfolgt und zugleich bereit ist, seine Gedanken anders zu formulieren, wenn sich ein Lösungsversuch für ihn als unbefriedigend erweist.

Wer Heideggers Philosophie verstehen will, kann sich jedoch nicht damit begnügen, nur Heidegger verstehen zu wollen. Viele, oft die entscheidenden Gedanken Heideggers sind in der Auseinandersetzung mit anderen Philosophien gewonnen und in Textinterpretationen dargestellt. Heidegger denkt und schreibt lesend; was ihn herausfordert, ist weniger die Anschauung, sondern vielmehr ein Text, den er wie mit der Lupe durchgeht, um ihm bis dahin verborgene Bedeutungs- und Sinnmomente abzulesen. Entsprechend ist es für die Philosophie Heideggers charakteristisch, dass sie eigene und höchst eigentümliche Verfahren der Textinterpretation entwickelt hat. Eine Einführung in Heidegger kann man nicht geben, ohne auch von Hegel, von Husserl und Dilthey, von Aristoteles und Platon, von Hölderlin und Nietzsche, von Ernst Jünger zu sprechen. Am wichtigsten dabei sind jedoch Aristoteles und Platon. Es ist unmöglich, Heidegger ohne die Berücksichtigung der klassischen griechischen Philosophie gründlich und angemessen zu verstehen.

Eine Einführung in Heidegger wird also mehr als nur Heideggers Texte zur Sprache bringen müssen. Andererseits ist sie, wie jede Einführung, ja, wie jede Darstellung eines Gedankenzusammenhangs, notwendigerweise eine perspektivische Verkürzung: Sie muss von bestimmten Vorentscheidungen geleitet sein, um das reiche Feld der Gedanken überhaupt strukturieren zu können. Und sie wird dabei vieles beiseitelassen müssen, was in einer anderen Perspektive gewiss der Aufmerksamkeit wert wäre. Heideggers Auseinandersetzung mit der Philosophie seines Lehrers Edmund Husserl wird im Folgenden nicht eingehender erörtert werden; seine Kant-Interpretation wird keine Rolle spielen, auch nicht seine Beschäftigung mit Schelling; die intensive Auseinandersetzung mit Nietzsche wird nur am Rande zur Geltung kommen; Heideggers Arbeiten zu Parmenides und Heraklit bleiben ebenso weitgehend ausgeblendet wie die späteren Schriften zur Sprache. Das sind Einschränkungen, die es erleichtern sollen, so genau wie möglich die Entstehung von Grundgedanken zu verfolgen und diese in ihrem oft spannungsvollen Zusammenhang verständlich zu machen. Das Bild, das sich dabei ergibt, ist schon komplex genug. Doch einfacher kann es nicht sein, ohne dass es der Philosophie, die es darstellen soll, allzu unähnlich würde.

2. Philosophie und Geschichte

Beginn mit Hegel und Kierkegaard

Wäre Heidegger, wie der von ihm geschätzte Heidelberger Philosoph Emil Lask, im Ersten Weltkrieg gefallen, so würde man heute in ihm nur eine Randfigur der philosophischen Debatten sehen, wie sie für die Zeit nach der Jahrhundertwende charakteristisch waren. Seine Dissertation (1913; veröffentlicht 1914), die der Lehre vom Urteil im Psychologismus gewidmet ist, lässt noch keine philosophische Eigenständigkeit erkennen, und auch die Habilitationsschrift zur Kategorien- und Bedeutungslehre des Duns Scotus (1915; veröffentlicht 1916) bleibt – zumindest auf den ersten Blick – eine solide akademische Arbeit ohne eigenständige Akzente. Doch liest man diese Arbeit vor dem Hintergrund von Heideggers späterem Werk und mit der entsprechenden Aufmerksamkeit, lassen sich in ihr bereits die zentralen Motive erkennen: Erfahrung der Geschichte und unverstellte Erfahrung des eigenen Lebens, oder, wie Heidegger später sagen wird: des Daseins. Mit der Wirksamkeit dieser Motive zeichnet sich Heideggers eigenständige Philosophie ab.

Philosoph hatte Heidegger gar nicht werden sollen, sondern Theologe. 1889 im badischen Meßkirch als Sohn eines Mesners geboren und in streng katholischer Umgebung aufgewachsen, war der begabte Schüler zum Priesteramt geradezu bestimmt. Er studiert dann auch Theologie, gibt aber sogleich seinen philosophischen Neigungen nach und gerät an der Freiburger Universität in den Wirkungsbereich der seinerzeit aktuellen philosophischen Diskussionen: Nach eigenem Zeugnis (GA 14, 91) befasst er sich schon im ersten Semester (1909/10) mit Husserls *Logischen Untersuchungen*; vor allem durch seinen Lehrer Heinrich Rickert ist er mit den Ansätzen des Neukantianismus vertraut.

In seiner Habilitationsschrift macht Heidegger sich nun die neueren Forschungen zunutze, um die Probleme der mittelalterlichen Kategorien- und Bedeutungslehre schärfer herausarbeiten zu können. Man kann sogar annehmen, dass er durch die Dominanz des sogenannten Kategorienproblems in der ihm zeitgenössischen Philosophie auf den mittelalterlichen Helden seiner Arbeit erst aufmerksam wurde. Für sich genommen wäre das noch nicht besonders originell; schon Hegels *Vorlesungen zur Geschichte der Philosophie* führen vor, wie Texte der Tradition aufgeschlossen werden können, indem man sie in der Perspektive einer gegenwärtigen Terminologie und Problemstellung interpretiert; das Beispiel Hegels ist denn auch für Heidegger verbindlich. Interessant ist der Ansatz von Heideggers Habilitationsschrift jedoch, weil er bereits ganz andere Akzentuierungen der Frage vornimmt, die auch Hegel beschäftigt hatte. Es sind Akzentuierungen der Frage nach dem Verhältnis von Philosophie und Geschichte.

Heidegger lässt die Vorbildfunktion Hegels deutlich werden, indem er seine Habilitationsschrift mit einer ausdrücklichen und emphatischen Berufung auf ihn schließt. Zu dieser Schlussbetrachtung wird er bei der Zusammenfassung seiner Erörterung des Kategorienproblems geführt. »Kategorien« sind die allgemeinen Bestimmungen eines Gegenstandes in seiner Gegenständlichkeit. Die Frage nach der Kategorie als der »allgemeinsten Gegenstandsbestimmtheit« (GA 1, 403) aber lässt sich, wie Heidegger sagt, nur angemessen stellen und ausarbeiten, wenn dabei der wesentlichen Rolle des »Subjekts« Rechnung getragen wird: »Gegenstand und Gegenständlichkeit haben nur Sinn als solche für ein Subjekt.« (GA 1, 403) Subjekte sind wesentlich dadurch charakterisiert, auf Gegenstände »gerichtet« zu sein. Mit diesem Gedanken steht Heidegger ganz unter dem Einfluss der *Logischen Untersuchungen* Husserls. Mit Husserl betont er die intentionale Struktur von Bewusstseinsakten.

Das Subjekt intentionaler Akte aber kann, wie Heidegger kritisch gegen den Neukantianismus und ansatzweise auch schon gegen Husserl geltend macht, nicht nur als »erkenntnistheoretisches Subjekt« (GA 1, 407) gefasst werden: Die Erkenntnistheorie versucht, die Bezogenheit auf einen Gegenstand zu begreifen, indem sie sie auf »bloße Denkfunktionen« (GA 1, 403) reduziert. Das Erfassen von Gegenständen ist aber immer auch eine »sinnvolle und sinnverwirklichende lebendige Tat« (GA 1, 406), das heißt: Was jeweils als Gegenstand des Bewusstseins erfahren wird und wie etwas als Gegenstand erfahren wird, lässt sich nur aus der *Lebensweise* des erkennenden Subjekts verstehen.

Die erkenntnistheoretische Frage nach den Kategorien gehört also in einen größeren Zusammenhang; wer sie angemessen erörtern will, muss reichere als nur erkenntnistheoretische Bestimmungen der Subjektivität annehmen. Diese reicheren Bestimmungen wiederum müssen *geschichtlich* sein, wenn die Lebensweise, in welche eine bestimmte Auffassung der Kategorien gehört, nicht mehr die eigene, sondern eine vergangene ist. Und das Vergangene kann man nicht für sich, von der eigenen Gegenwart absehend betrachten, weil es ja gegenwärtig verstanden wird.

Spätestens mit diesem Gedanken hat Heidegger, die Anregung Husserls aufnehmend, den Zusammenhang von Husserls eigenen philosophischen Arbeiten verlassen: Geschichte war für den früheren Husserl kein Thema einer »strengen« Philosophie.[1] Um die neugewonnene Position zu bestimmen, greift Heidegger programmatisch auf Hegels Begriff des Geistes zurück: »*Der lebendige Geist ist als solcher wesensmäßig historischer Geist im weitesten Sin-*

ne des Wortes. Die wahre Weltanschauung ist weit entfernt von bloßer punktueller Existenz einer vom Leben abgelösten Theorie. Der Geist ist nur zu begreifen, wenn die ganze Fülle seiner Leistungen, d.h. seine Geschichte, in ihm aufgehoben wird, mit welcher stets wachsenden Fülle in ihrer philosophischen Begriffenheit ein sich fortwährend steigerndes Mittel der lebendigen Begreifung des absoluten Geistes Gottes gegeben ist.« (GA 1, 407f.)

Das klingt im ersten Moment, als könnte Hegel selbst es geschrieben haben. Denn Hegels Konzeption einer Geschichte der Philosophie ist von der Überzeugung getragen, dass die vergangenen »Taten des Denkens« nicht jenseits der gegenwärtigen Wirklichkeit liegen, sondern diese nur als »Resultat [...] der Arbeit aller vorhergegangenen Generationen des Menschengeschlechts«[2] zu verstehen ist. Die gegenwärtige Philosophie begreift sich deshalb in ihrer Wirklichkeit auch erst dadurch, dass sie ihre eigene Geschichte aufarbeitet und darin selbst geschichtlich ist.

Für Hegel führt diese Einsicht in die Geschichtlichkeit des Philosophierens jedoch nicht zu einer historischen Relativierung der gegenwärtigen Philosophie. Denn gegenwärtig kann man sich des in der Vergangenheit Gedachten nur versichern, gegenwärtig kann man sich als Resultat des Vergangenen nur begreifen, weil es bei den Denkern der Vergangenheit auch bereits um dieselbe Sache gegangen ist. Die Geschichte der Philosophie erhält ihre Kontinuität und Einheit durch das »gemeinschaftliche Unvergängliche«[3], das sich zwar in der Zeit und mit der Zeit herausbildet, aber wesentlich nicht zeitlich ist. Die vergangenen Taten des Denkens blieben in ihrer Sachlichkeit, in ihrer Wahrheit unbegreiflich, wenn das Denken nicht auch »über seine Zeit wahrhaft hinaus«[4] wäre. Das gegenwärtige Denken ist sogar vollkommen dadurch bestimmt, über seine Zeit und die Zeit überhaupt hinaus zu sein: Sofern im gegenwärtigen Denken alle vergangenen Taten des Geistes begreiflich und damit »aufgehoben« sind, unterliegt das gegenwärtige Denken keiner Bedingtheit und keiner Relativität mehr. Es ist zum »absoluten Selbstbewußtsein«[5] geworden und kann insofern auch als die »Enthüllung Gottes, wie er sich weiß«[6], bezeichnet werden.

Hegels Entwurf einer Geschichte der Philosophie ist zugleich der Entwurf einer Philosophie der philosophischen Geschichte: Die Philosophie ist darin geschichtlich, dass sie sich zu ihrer wirklichen Gestalt erst entwickeln muss und ihre Wirklichkeit erst hat, wenn sie ihre Entwicklung selbst begreift. Doch dieses Begreifen ist über die Zeit hinaus; im Begreifen ihrer Entwicklung erweist die Philosophie zugleich die Ungebundenheit durch die Zeit, und sie erweist die Geschichte in ihrer Wahrheit; es ist die Wahrheit des absoluten Geistes, des Geistes, der sich unbedingt und ohne Verdunkelungen selbst erkennt. Selbst wenn man zögert, Hegels Philosophie theologisch zu nennen, muss man doch zugestehen, dass sich sein Verständnis des philosophischen Denkens ohne Schwierigkeiten in die Sprache einer spekulativen Theologie übersetzen lässt.

Vor allem der bei Hegel alles beherrschende Gedanke eines sich vollkommen durchsichtigen Geistes kann einen Anhaltspunkt dafür bieten, sich über die Akzentverschiebungen, die Heidegger in seinen hegelianisierenden Sätzen vornimmt, Klarheit zu verschaffen. Liest man jetzt die Sätze Heideggers noch einmal, so fällt auf, dass in ihnen der Gedanke von der Wirklichkeit des absoluten Geistes im gegenwärtigen Philosophieren zwar aufgenommen, aber doch auch eigentümlich zurückgenommen ist. Heidegger versteht das Gegenwärtige nicht mehr als die Wirklichkeit eines absoluten, sich absolut durchsichtigen Geistes, sondern spricht von einem »sich fortwährend steigernden Mittel der lebendigen Begreifung des absoluten Geistes Gottes« (GA 1, 408): Im Begreifen der Geschichte der Philosophie liegt nicht die Wirklichkeit des Absoluten, sondern nur eine sich steigernde Annäherung an das Absolute. Die geschichtliche Entwicklung des Geistes ist eine »stets wachsende Fülle«, und damit ist die Gegenwart nicht mehr ihr Ziel, ihre Vollendung. Heideggers Verzicht auf eine Übersetzung der Philosophie in spekulative Theologie verändert das Verständnis von Philosophie ebenso wie das der philosophischen Geschichte.

Es ist eine Veränderung zugunsten des Besonderen und Individuellen: Die Lebendigkeit des philosophischen Betrachtens und Begreifens ist für Heidegger nicht mehr von der Art eines absolut durchsichtigen Selbstbewusstseins, sondern sie hat den Charakter der zeitlichen Einzigkeit und Individualität; es ist immer das jeweilige, jetzt gegenwärtige Denken, dem es aufgegeben ist, die Geschichte zu begreifen. Während für Hegel der »Standpunkt des Individuums« dadurch gekennzeichnet ist, dass die Individuen »innerhalb des Ganzen [...] wie Blinde«[7] seien, bestimmt Heidegger die »Grundstruktur« des »lebendigen Geistes«, indem er sagt, in ihr seien »Einzigkeit, Individualität der *Akte* mit der Allgemeingültigkeit, dem Ansichbestehen des *Sinnes* zur lebendigen Einheit zusammengeschlossen« (GA 1, 410). Das wirkliche Denken und Erleben ist immer einzig und individuell in seinen Vollzügen oder »Akten«; und wenn der »Sinn« dieser Vollzüge allgemeingültig ist, so handelt es sich doch immer um die Allgemeingültigkeit des jeweiligen Einzelnen und Individuellen. Der Sinn des individuellen Lebens ist für Heidegger hier noch das Absolute, Gott. Trotz seiner Allgemeingültigkeit ist das Absolute nur individuell zugänglich – und nicht in einem überindividuellen spekulativen Denken. Die Erfahrung des Absoluten, von der Heidegger als einer Annäherung spricht, »ruht im Individuum« (GA 1, 409).

Mit der Individualisierung der Gotteserfahrung, der Erfahrung des Absoluten, ist Martin Heidegger dem vielleicht radikalsten Kritiker Hegels verpflichtet: dem religiösen Schriftsteller Sören Kierkegaard. Noch seine Vorlesung im Wintersemester 1921/22 eröffnet Heidegger mit einem Zitat aus Kierkegaards *Einübung im Christentum*, das er selbst als »dankbare Anzeige der Quelle« (GA 61, 182) bezeichnet. Doch Heidegger will Kierkegaards Insistenz auf der Individualität des Glaubens mit dem Hegelschen Programm einer geschichtlichen Philosophie verbinden: Er will an Hegel anschließen, indem er sich der Aufgabe einer philosophischen Geschichte der Philosophie stellt, die ganz der Erfahrung des Absoluten unterstellt ist; und er will diese philosophische Geschichte der Philosophie entwickeln, indem er sich am Gedanken Kierkegaards von der Individualität religiöser und speziell christlicher Erfahrung orientiert. Wenn Heidegger sich in den letzten Sätzen seiner Habilitationsschrift auf das Programm einer »Philosophie des lebendigen Geistes, der tatvollen Liebe, der verehrenden Gottinnigkeit« (GA 1, 410) verpflichtet, so spricht daraus die Stimme Kierkegaards ebenso wie diejenige Hegels.

Auf die Frage, wie die beiden Stimmen miteinander zum Tragen kommen sollen, gibt Heidegger in seiner Habilitationsschrift keine eindeutige Antwort. Aus den noch recht schwach gezeichneten Linien seines Entwurfs lässt sie sich aber erschließen. Man muss sich nur an Heideggers Gedanken erinnern, dem zufolge die »wachsende Fülle« des geschichtlichen Geistes eine Annäherung an den absoluten Geist Gottes bedeuten soll, und dies mit dem Gedanken Kierkegaards verbinden, dass die Philosophie auf die eigentliche und allein ernsthafte individuelle Erfahrung des Glaubens immer nur hinweisen kann. Dann ergibt sich der Gedanke einer geschichtlichen Philosophie im Sinne Hegels, die Hinweis auf die eigentliche und existentielle Erfahrung des Glaubens ist; indem die Philosophie geschichtlich verstanden und vollzogen wird, soll der Ort religiöser Erfahrung bestimmt werden.

Was das im Einzelnen heißen soll, tritt bei der Lektüre von Heideggers Habilitationsschrift hervor. Es ist keine Äußerlichkeit, dass Heidegger sich hier mit der »mittelalterlichen Weltanschauung« (GA 1, 409) beschäftigt. In ihr und dem ihr wesentlichen Gottesbezug sieht Heidegger ein Gegenbild zur eigenen Zeit: Gegen Ende seiner Schrift stellt er die »Erlebnismöglichkeit und -fülle«, die »durch die ins Transzendente sich erstreckende Dimension des seelischen Lebens bedingt« ist, dem heutigen Leben gegenüber, als dessen Charakteristikum er »inhaltliche flüchtige Breite« geltend macht. Und zur Erläuterung fügt er hinzu: »Bei dieser flächig verlaufenden Lebenshaltung sind die Möglichkeiten einer wachsenden Unsicherheit und völligen Desorientierung weit größer und geradezu grenzenlos, wogegen die Grundgestaltung der Lebensform des mittelalterlichen Menschen sich von vornherein gar nicht in der inhaltlichen Breite der sinnlichen Wirklichkeit verliert und sich dort verankert, sondern gerade diese selbst als *verankerungsbedürftige* einer transzendenten Zielnotwendigkeit unterordnet.« (GA 1, 409 f.) Das liest sich zunächst wie eine Variante jener konservativen Kulturkritik, die gegen die Dürftigkeit der Gegenwart das Bild eines sinnerfüllten vergangenen Lebens heraufbeschwört. Man scheint in den Überlegungen des jungen Heidegger bereits all jene Momente ausmachen zu können, die man gern in seiner reifen Philosophie findet: Antimodernismus, Zivilisationsfeindlichkeit, Irrationalismus, Vorbehalt gegen die Autonomie eines durch die Aufklärung zur Mündigkeit gebrachten Lebens.

Doch so einfach liegen die Dinge schon beim jungen Heidegger nicht. Er ist sich darüber im Klaren, dass die mittelalterliche Weltanschauung kein Vorbild für die heutige Zeit sein kann; immerhin ist diese »Weltanschauung« der Gegenstand einer geschichtlichen Untersuchung, und Heidegger weiß, dass sie deshalb besonderen Zugangsbedingungen unterliegt; er weiß außerdem, dass moderne Denkweisen sich radikal von früheren unterscheiden. Das hält ihn davon ab, einfach nur für eine Wiederbelebung der mittelalterlichen religiösen Erfahrung zu plädieren. Worauf es ihm ankommt, ist vielmehr eine »eigentliche begriffliche, kulturphilosophische Fundierung« (GA 1, 408) der geschichtlichen Erörterung des Mittelalters, und diese lässt sich nur erlangen, wenn es gelingt, eine der vergangenen Zeit »konforme *Aufgeschlossenheit* einfühlenden Verstehens« (GA 1, 408) auszubilden. Das wiederum wäre unmöglich, wenn die vergangene Zeit sich von der gegenwärtigen vollkommen unterschiede. Zwar ist das »gedankliche Milieu« der Gegenwart ein anderes als das der Vergangenheit; aber ebenso gibt es, mit dem Wort Hegels gesagt, ein »gemeinschaftliches Unvergängliches«, und das ist die »Grundstruktur« des lebendigen Geistes. Doch für Heidegger ist es die Grundstruktur geschichtlicher Individualität.

Am mittelalterlichen Helden seiner Arbeit hebt Heidegger denn auch hervor, er habe »eine feine Disposition sicheren Hineinhörens in das unmittelbare Leben der Subjektivität und der ihr immanenten Sinnzusammenhänge, ohne daß ein scharfer Begriff des Subjekts gewonnen ist« (GA 1, 401). Im ersten Moment klingt das wieder nach der Konzeption Hegels: Wenn das gegenwärtige Denken als Resultat des bisherigen zu begreifen ist, dann muss das, was gegenwärtig »scharf begriffen« werden kann, auch früher schon, wie schemenhaft auch immer, im Blick gestanden haben, und es bedarf der Klarheit gegenwärtigen Denkens, dies herauszuarbeiten. Doch wenn Heidegger von der »wachsenden Fülle« des geschichtlichen Geistes spricht, ist für ihn die Gegenwart nicht Ziel und Vollendung des vergangenen Denkens. Das gegenwärtige Denken hat nicht die absolute Durchsichtigkeit eines Selbstbewusstseins, das sich souverän in die religiöse Sprache übersetzen und als Enthüllung des Wissens bezeichnen kann, das Gott von sich hat. An das Absolute kann man sich nur annähern, und dem entspricht es, dass die philosophische Arbeit eine »immer neu einsetzende Bemühung« (GA 1, 196) sein muss – eine Bemühung offenbar, in das »unmittelbare Leben der Subjektivität« hineinzuhören.

Für eine philosophische Bemühung dieser Art sieht Heidegger das »gedankliche Milieu« seiner Gegenwart als besonders günstig an: »Bei dem energischen Problemwillen der gegenwärtigen theoretischen Philosophie und bei ihrer entsprechenden Kraft der Problembewältigung bereichert und vertieft sich zugleich das philosophiegeschichtliche Verstehen, steigert sich aber auch die Dringlichkeit einer Aufgabenbewältigung«, und zwar im Hinblick darauf, »den systematischen Gehalt der mittelalterlichen Scholastik wenigstens in den wichtigsten Problemkreisen flüssig zu machen« (GA 1, 204). Das zielt wieder auf die Bestrebung, hineinzuhören in das unmittelbare Leben der Subjektivität, und wenn Heidegger die Möglichkeiten der Philosophie derart beurteilt, so kann er, bei aller Übereinstimmung mit Kierkegaard, nicht der Überzeugung sein, die Aufgabe der Philosophie bestehe nur darin, sich selbst aufzuheben. Die Philosophie hat für Heidegger nicht, wie für Kierkegaard, eine Leiter zur Einsicht in die Unumgänglichkeit des Glaubens zu sein, eine Leiter, die man umstößt, wenn man bereit ist, den Sprung in den Glauben wirklich zu vollziehen. In der philosophischen Arbeit selbst kommt vielmehr jenes individuelle Leben zur Geltung, in dessen Grundstruktur auch, wie Heidegger es herausgearbeitet hat, der Transzendenzbezug des Glaubens liegt. Und in einer Zeit, die nicht mehr die des Glaubens ist, kann jenes individuelle Leben ernsthaft auch gar nicht anders zur Geltung kommen. Das Interesse am Glauben und am Religiösen, verbunden mit der Überzeugung, dass es einen unmittelbaren Zugang zum Glauben nicht mehr gibt, kommt im Interesse an der »Subjektivität« zum Tragen, weil diese sich in der Geschichte glaubend artikulieren konnte. In der philosophischen Erörterung der Philosophiegeschichte zeigt sich Lebensernst und damit eine Einstellung, die vormals die des Glaubens gewesen ist. Die Einstellung des Philosophierens selbst eröffnet einen Zugang zu dem, was sich in der Geschichte anders, nämlich religiös, artikuliert hatte.

Für Heidegger hat sich also das Verhältnis von Philosophie und Geschichte gegenüber seiner Hegelschen Fassung verschoben: Im philosophischen Denken artikuliert sich nicht mehr einfach das Allgemeine, so dass alles Besondere und Individuelle in seiner Beschränktheit durchschaut und im schlechterdings Allgemeinen, dem Absoluten, aufgehoben sein kann. Deshalb ist auch für die Übersetzung der Philosophie in spekulative Theologie kein Platz mehr. Im philosophischen Denken artikuliert sich vielmehr das Besondere, und die Klärungsmöglichkeiten der Philosophie sind umso größer, je entschiedener sie ihrer jeweils eigenen Besonderheit innewird. Diese Besonderheit aber ist immer eine geschichtliche, die Besonderheit einer bestimmten geschichtlichen Situation, und auch die Philosophie ist dann immer nur geschichtlich artikulierbar. Philosophie wird zu einer selbst immer geschichtlichen Klärung der Struktur geschichtlichen Verstehens; Philosophie ist eine Artikulation des besonderen Lebens, dem es um die Aufklärung der allgemeinen Struktur seiner Besonderheit geht.

Gewiss ist Heidegger im Hinblick auf diese Problemstellung vorgearbeitet worden. Was Kierkegaard in der *Krankheit zum Tode* unter dem Begriff »das Selbst« untersucht, ist nichts anderes als die Grundstruktur der Individualität. Und auch die Einsicht, dass geschichtliches Verstehen nicht die Aufhebung des vergangenen Besonderen in die Allgemeinheit eines absoluten Selbstbewusstseins ist, tritt bei Heidegger keineswegs zum ersten Mal hervor. Heidegger hat das gewusst und ausdrücklich zugestanden. In einer Vorlesung aus dem Sommersemester 1919 betont er, es sei die Leistung Wilhelm Diltheys gewesen, für die Betrachtung der Geschichte »die Bedeutung der Auffassung des Singulären zur Geltung zu bringen« (GA 56/57, 164). Und er zitiert kurz darauf einen Satz aus Diltheys *Einleitung in die Geisteswissenschaften* (1883), der als programmatische Formulierung von Heideggers Ansatz zu einer philosophischen Geschichte der Philosophie gelesen werden kann: »Nur in der Selbstbesinnung finden wir die Lebenseinheit und ihre Continuität in uns, welche alle diese Beziehungen [zu den Formen des geistigen Lebens in der Vergangenheit] trägt und hält.« (GA 56/57, 164) Diese Selbstbesinnung steht für Heidegger jedoch im Zeichen einer Auseinandersetzung mit der Ernsthaftigkeit und Einheitlichkeit eines im Glauben geführten Lebens und ebenso im Zeichen der Einsicht, dass die eigene Zeit keine des Glaubens mehr ist. Aus der Frage nach einer sich geschichtlich artikulierenden Philosophie, die auf die religiöse Erfahrung bezogen bleibt, entspringt also Heideggers philosophische Arbeit.

Rückfrage an Aristoteles

Um zu sehen, wie Heidegger seine Gedankenmotive ausführt und dabei zu einer eigenständigen Fragestellung gelangt, muss man in der Chronologie einen Sprung machen, und zwar ins Jahr 1922. In diesem Jahr entsteht ein programmatischer Text, der den Titel *Phänomenologische Interpretationen zu Aristoteles* trägt und eine Geschichte hat, auf die es sich kurz einzugehen lohnt. Heidegger schrieb ihn, weil er hoffen konnte, entweder nach Marburg oder nach Göttingen auf ein Extraordinariat berufen zu werden. Was die Entscheidung der für die Berufung Verantwortlichen erschwerte, war der Umstand, dass Heidegger seit seiner Habilitationsschrift nichts mehr publiziert hatte. Um dies auszugleichen, verfasste er die Skizze eines geplanten Buches zu Aristoteles, dessen vorgesehenen Titel die Skizze aufnimmt. Während die Göttinger sich gegen Heidegger entschieden, hatte er in Marburg Erfolg: Im Sommer 1923 wurde Heidegger auf das vakante Extraordinariat mit Stellung und Rechten eines Ordinarius berufen und trat zum Wintersemester 1923/24 seine Marburger Professur an.

Heidegger hat bei der Abfassung des Textes auf einige seiner bis dahin gehaltenen Vorlesungen zurückgegriffen, ist jedoch begrifflich schärfer geworden. Indem er den Gedankenzusammenhang seiner Vorlesungen durchgearbeitet und gestrafft hat, gelingt ihm eine beträchtliche Präzisierung seiner Gedanken. Aber der Text weist nicht nur auf die in ihn eingegangene Vorarbeit zurück: Die Gedanken, die hier zusammengefasst werden, sind nichts weniger als die Keimzelle von *Sein und Zeit*. Bei der Interpretation der Projektskizze wird man also wesentliche Bestimmungen bereits kennenlernen, die dann in den großen systematischen Entwurf übernommen und in ihm reicher entfaltet sind. Andererseits unterscheidet der Ansatz von *Sein und Zeit* sich von dem der Projektskizze beträchtlich; die Eigentümlichkeiten von Heideggers erstem Hauptwerk versteht man deshalb umso besser, je gründlicher man mit der Konzeption vertraut ist, aus der es sich entwickelt hat.

Die Frage, wie Heidegger dazu kommen konnte, eine große Arbeit zu Aristoteles in Angriff zu nehmen, ist an der Oberfläche leicht zu beantworten: Dem oft zitierten Bericht Heideggers über seinen »Weg in die Phänomenologie« zufolge war es Franz Brentanos Dissertation (1862), die ihm »als Stab und Stecken« seiner »ersten unbeholfenen Versuche, in die Philosophie einzudringen«, gedient hatte (GA 14, 81). Und für den Studenten der katholischen Theologie hat Aristoteles natürlich zusammen mit dem Aristoteliker Thomas von Aquin einen Schwerpunkt seiner Studien bilden müssen. Erst recht dem Erforscher der Kategorien- und Bedeutungslehre des Duns Scotus stand die zentrale Bedeutung der Aristotelischen Philosophie vor Augen. Nun geht es Heidegger darum, hinter die artikulierte Gestalt des scholastischen Denkens zurückzufragen, um sie, wie er das in der Habilitationsschrift noch formuliert hätte, als Artikulation des »lebendigen Geistes« überhaupt erst verständlich zu machen. Die Sätze der Projektskizze dazu lauten:

»Die Gottes-, Trinitäts-, Urstands-, Sünden- und Gnadenlehre der Spätscholastik arbeitet mit den begrifflichen Mitteln, die Thomas von Aquin und Bonaventura der Theologie beigestellt haben. Das besagt aber, die in all diesen theologischen Problembezirken im vorhinein angesetzte Idee des Menschen und des Lebensdaseins gründet in der aristotelischen ›Physik‹, ›Psychologie‹, ›Ethik‹ und ›Ontologie‹, wobei die aristotelischen Grundlehren in bestimmter Auswahl und Auslegung zur Verarbeitung kommen. [...] Die Durchforschung des Mittelalters ist nach den leitenden Hinsichten in dem Schematismus einer neuscholastischen Theologie und in den Rahmen eines neuscholastisch ausgeformten Aristotelismus gespannt. Es gilt zunächst überhaupt, die Wissenschaftsstruktur der mittelalterlichen Theologie, ihre Exegese und Kommentation als bestimmt vermittelte Lebensauslegungen zu verstehen.« (GA 62, 369)

Anders als in der Habilitationsschrift will Heidegger die »mittelalterliche Weltanschauung« nicht mehr daraufhin untersuchen, wie sich in ihr das »unmittelbare Leben der Subjektivität« ausspricht. Zwar gilt ihm die Spätscholastik, zu der auch der Held der Habilitationsschrift gehört, immer noch als eine »Lebensauslegung«, das heißt hier: als eine Weise des gelebten Lebens, sich in bestimmter Weise zu artikulieren; aber der Akzent liegt nun darauf, dass diese Lebensauslegung »bestimmt vermittelt« ist: Sie entspringt nicht einfach dem Hineinhören in das unmittelbare Leben der Subjektivität, sondern verdankt sich wesentlich einer Tradition. Um die Gebundenheit einer Gestalt des Denkens an eine Tradition durchsichtig zu machen, darf man sich nicht an den für diese Gestalt charakteristischen Denkweisen orientieren, sondern ist genötigt, hinter sie zurückzufragen. Wenn die scholastische Idee des Menschen und des Lebensdaseins in der Philosophie des Aristoteles gründet, dann ist der Rückgang auf Aristoteles erforderlich, um diese Idee zu begreifen.

Wenn aber das mittelalterliche Denken ein durch die Tradition vermitteltes ist, dann liegt es nahe, auch die Artikulation des gegenwärtigen Lebens als eine gebrochene und unauthentische Lebensauslegung aufzufassen. Für Heideggers Projektskizze ist es in der Tat charakteristisch, dass in ihr der Optimismus im Hinblick auf den »energischen Problemwillen der gegenwärtigen theoretischen Philosophie« und eine diesem entsprechende Kraft entschieden zurückgenommen werden. Der »Philosophie der heutigen Situation« ergehe es nicht anders als der des Mittelalters, sofern auch sie sich »zum großen Teil uneigentlich in der *griechischen* Begrifflichkeit« bewege, »und zwar in einer solchen, die durch eine Kette verschiedenartiger Interpretationen hindurchgegangen ist«. Dabei hätten, wie Heidegger sagt, die »Grundbegriffe [...] ihre ursprünglichen, auf bestimmt erfahrene Gegenstandsregionen bestimmt zugeschnittenen Ausdrucksfunktionen eingebüßt« (GA 62, 367). Die Grundbegriffe sind keine unmittelbaren Artikulationen des Lebens in seiner Lebendigkeit mehr; durch ihre Tradierung haben sie sich verselbständigt und führen ein schattenhaftes Eigenleben.

Sieht man es derart, wird man der gegenwärtigen Philosophie auch nicht mehr zutrauen können, die Grundstruktur des Lebens zu erfassen. Und wenn es die »*griechische* Begrifflichkeit« ist, in der sich die heutige Philosophie »uneigentlich« bewegt, dann wird man sich auf keine nachgriechische Konzeption der Philosophie beziehen können, ohne im Schattenreich der überlieferten Begriffe zu verbleiben. Auf dem Stand der Projektskizze ist für Heidegger eine Berufung auf Hegel unmöglich geworden. Vielmehr gilt es nun, die nachgriechische Tradition, der auch die gegenwärtige Philosophie noch zugehört, radikal infrage zu stellen. Und sofern das die Zuwendung zu Aristoteles erfordert, ist ein gegenwärtiges Philosophieren, das seiner Tradition nicht blind unterliegen will, nur als Aristoteles-Interpretation möglich.

Es versteht sich nicht von selbst, dass die Wahl Heideggers auf Aristoteles fällt und nicht – wie dann später – auf Platon. Die Abhängigkeit der Aristotelischen Philosophie von derjenigen Platons hätte dies immerhin nahelegen können. Es mag zwar sein, dass Aristoteles »die Vollendung und konkrete Ausformung der vorangegangenen Philosophie« (GA 62, 371) ist, so dass in seinen Texten das griechische Denken am reichsten artikuliert wird; und ebenso mag es sein, dass Aristoteles »in seiner ›Physik‹ einen prinzipiellen neuen Grundansatz [gewinnt], aus dem seine Ontologie und Logik erwachsen, von denen dann die [...] Geschichte der philosophischen Anthropologie durchsetzt ist« (GA 62, 371). Aber entscheidend ist, dass Aristoteles mit seinem »prinzipiellen neuen Grundansatz« für Heidegger eine Einsicht in die Grundstruktur des Lebens gewonnen hat. Aristoteles und kein anderer ist für Heidegger der Philosoph, bei dem die zum Erfassen dieser Struktur geeigneten Grundbegriffe ausgebildet sind und bei dem diese auch ihre »auf bestimmt erfahrene Gegenstandsregionen bestimmt zugeschnittenen Ausdrucksfunktionen« noch nicht eingebüßt haben. Aristoteles ist für Heidegger der Philosoph, aus dessen Texten die »Idee des Menschen und des Lebensdaseins« unmittelbar und authentisch hervortritt.

Die Aristotelische Fassung der Idee des Menschen und des Lebensdaseins wird dem Leben in seiner Grundstruktur wirklich gerecht. Das Leben in seiner Grundstruktur, wie Heidegger denkt, findet in den Aristotelischen Bestimmungen und Beschreibungen so, wie es sich von ihm selbst her zeigt, seinen Ausdruck. Was sich von ihm selbst her zeigt, heißt auf Griechisch »phainómenon«, und so gesehen ist die Philosophie des Aristoteles »radikale phänomenologische Anthropologie« (GA 62, 371). Die Aristotelischen Texte sind diejenigen überlieferten Texte der Vergangenheit, in deren Interpretation sich das gegenwärtige Philosophieren selbst als Artikulation des Lebens verstehen kann.

Wenn man das skizzierte Programm genauer bedenkt, bleibt unklar, wie sich für den späteren Leser an den Aristotelischen

Texten verstehen lässt, was an ihnen verstanden werden soll. Was es da zu verstehen gibt, die Grundstruktur des Lebens, muss doch eigentlich bereits verstanden sein, damit die Aristotelischen Texte als ihre authentische Bestimmung und Beschreibung gelten können. Wenn die gegenwärtige Philosophie sich wie alle nacharistotelische Tradition im Schattenreich von Begriffen bewegt, die ihre Ausdrucksfunktion eingebüßt haben, ist ein solches Verstehen der Grundstruktur des Lebens jedoch unmöglich – es sei denn, die überlieferten Begriffe haben bei aller Verselbständigung wenigstens einen Hauch von Sachbezogenheit behalten.

Das ist in der Tat Heideggers Überzeugung: Die Grundbegriffe der Philosophie haben zwar ihre ursprünglichen Ausdrucksfunktionen eingebüßt; in ihnen spricht sich das Leben nicht mehr derart aus, dass es unverstellt seine Grundstruktur artikuliert. Doch Heidegger fährt fort: »Bei aller Analogisierung und Formalisierung [...], die sie [die Grundbegriffe] durchgemacht haben, hält sich ein bestimmter Herkunftscharakter durch, sie tragen noch ein Stück echter Tradition ihres ursprünglichen Sinnes bei sich, sofern an ihnen noch die Bedeutungsrichtung auf ihre gegenständliche Quelle nachweisbar wird.« (GA 62, 367) Die »gegenständliche Quelle«, von der Heidegger hier spricht, ist nicht, wie es zunächst erscheinen kann, das Leben in seiner Grundstruktur selbst. Es ist vielmehr die Artikulation dieser Grundstruktur in den Aristotelischen Schriften. Auf die Philosophie des Aristoteles deuten die späteren Grundbegriffe insofern, als sie aus der Philosophie des Aristoteles *kommen*. Die einzigartige Bedeutung, die Heidegger in seiner Projektskizze Aristoteles zuspricht, hat ihren Grund allein darin, dass die Aristotelische Philosophie der *Anfang* aller späteren Philosophie ist. Am Anfang gibt es noch keine Tradition; die Grundbegriffe einer beginnenden Philosophie können sich noch nicht verselbständigt und ihre Ausdrucksfunktion noch nicht eingebüßt haben. Die Sachlichkeit eines »prinzipiellen neuen Grundansatzes« ist bereits durch seine Anfänglichkeit garantiert. Nur das Anfängliche kann wahrhafter Ausdruck des Lebens selbst und echte Beschreibung seiner Grundstruktur sein.

Dieser Gedanke hat eine entscheidende Konsequenz für die Bestimmung des Verhältnisses von Philosophie und Geschichte: Eine Philosophie, die als Artikulation des Lebens in seiner Grundstruktur verstanden werden soll, ist nur noch als geschichtliche Philosophie möglich. »Philosophische Forschung«, so sagt Heidegger programmatisch, ist »im radikalen Sinne ›historisches‹ Erkennen« (GA 62, 368), und zwar dann, »wenn sie die Gegenstands- und Seinsart ihres thematischen Worauf« verstanden hat – dieses »thematische Worauf« aber ist das Leben in seiner Grundstruktur.

Das »historische Erkennen«, zu dem die Philosophie gemäß der Heideggerschen Projektskizze wird, ist allerdings in besonderer Weise »historisch«. Es hat mit dem philosophischen Blick in die Vergangenheit, der sich auf jeden beliebigen Gegenstand richten kann, nichts zu tun. Genauso wenig ist ein historisches Erkennen dieser Art im Sinne von Hegels *Geschichte der Philosophie* möglich, ja, man kann sogar sagen, dass sich die Heideggersche Konzeption des Verhältnisses von Philosophie und Geschichte jetzt gegenüber dem Modell Hegels erst wirklich profiliert: Gemäß Heideggers Konzeption ist die Gegenwart gerade durch ihre Undurchsichtigkeit gekennzeichnet, so dass man es mit einer Umkehrung des Hegelschen Modells zu tun hat. Die Vergangenheit kann nicht mehr auf das in sich durchsichtige Selbstbewusstsein der Gegenwart bezogen werden, sondern die Gegenwart kann eine Aufhellung der ihr eigentümlichen Dunkelheit nur noch vom Blick in die Vergangenheit erhoffen. Und zwar muss man sich des *Anfangs* der philosophischen Tradition versichern, indem man sich von der Tradition selbst auf diesen Anfang verweisen lässt. Die historisch-philosophische Forschung sieht sich »darauf verwiesen, die überkommene und herrschende Ausgelegtheit nach ihren verdeckten Motiven, unausdrücklichen Tendenzen und Auslegungswegen aufzulockern und im abbauenden Rückgang zu den ursprünglichen Motivquellen der Explikation vorzudringen« (GA 62, 368). Die historisch-philosophische Forschung baut die Verselbständigung der Grundbegriffe in der Tradition ab, indem sie die Tradition bis zu ihrem Anfang zurückverfolgt. Dieses Verfahren nennt Heidegger »Destruktion«. Es wird für ihn in seiner ganzen philosophischen Arbeit verbindlich bleiben.

Im Entwurf einer Philosophiegeschichte als Destruktion des Überlieferten auf seinen Anfang hin trägt Heidegger seinem bereits in der Habilitationsschrift ausgesprochenen Gedanken Rechnung, dass das Verstehen der Überlieferung immer als ein besonderes und individuelles gefasst werden muss. Doch wird die Besonderheit und Individualität des Verstehens so bestimmt, dass es zunächst einmal Nichtverstehen ist: Das durch die verselbständigten überlieferten Begriffe und Denkweisen geprägte gegenwärtige Leben hat sich in seiner Grundstruktur gerade noch nicht verstanden; es ist, so wie es sich zunächst darbietet, ein Leben, das der besonderen Prägung durch eine jeweils besondere Überlieferungslage unterliegt. Seine jeweilige Überlieferungslage, die Weise also, wie das gegenwärtige Leben sich in den tradierten Begriffen und Denkschemata artikuliert, kann nicht als notwendig erkannt, sondern nur in seiner jeweiligen Historizität eingesehen werden. Dazu heißt es in der Projektskizze: »Philosophische Forschung ist ihrem Seinscharakter nach etwas, was eine ›Zeit‹ – sofern sie nicht lediglich bildungsmäßig darum besorgt ist – sich nie von einer anderen erborgen kann; aber auch etwas, das – so es sich und seinen möglichen Leistungssinn im menschlichen Dasein verstanden hat – nie mit dem Anspruch wird auftreten wollen, kommenden Zeiten die Last und Bekümmerung radikalen Fragens abnehmen zu dürfen und zu können.« (GA 62, 348) Philosophie ist geschichtlich bestimmt durch ihre radikale Gegenwärtigkeit in der Zeit.

Darum ist die Philosophiegeschichte im Sinne Heideggers letztlich nicht bloß die Abfolge solcher immer wieder anders akzentuierten Ausprägungen des Überlieferten. Wesentlich ist sie das gerade nicht, wenn es philosophisch die Möglichkeit gibt, gegenwärtig zum Anfang der Überlieferung zurückzufragen, und wenn das gegenwärtige Philosophieren mit dieser Rückfrage die philosophischen Begriffe in ihrer Ausdrucksfunktion und ihrer Sachlichkeit gleichsam zurückerobert. Mit der Rückfrage zum Anfang der Überlieferung wird diese durch die Zeiten auch nicht übersprungen, als ginge sie einen nichts mehr an. Zwar schließt das Programm einer Destruktion der Überlieferung für Heidegger eine Kritik der Überlieferung ein; aber diese Kritik richtet sich letztlich nicht auf die Überlieferung selbst, sondern auf die Rolle, die sie im gegenwärtigen Leben spielt: »Die lediglich schon durch den konkreten Vollzug der Destruktion entspringende Kritik gilt [...] nicht der Tatsache, daß wir überhaupt in einer Tradition stehen, sondern dem Wie.« (GA 62, 368 f.) Kritisch ist der »destruktive« Rückgang zum Anfang der Überlieferung also nicht im Hinblick auf das Vergangene, sondern im Hinblick auf die Gegenwart: »Kritik der Geschichte«, so sagt Heidegger, »ist immer nur Kritik der Gegenwart« (GA 62, 350). Dabei ist der »destruktive« Bezug auf die Tradition und ihren Anfang zugleich der Maßstab, an dem die Gegenwart kritisch gemessen werden kann: Nur indem man zum Anfang der Überlieferung zurückgeht, ist die Kritik der in einer undurchschauten Tradition befangenen Gegenwart möglich. Mit der Artikulation dieser Kritik, die zugleich eine Offenlegung ihres Maßstabs ist, wird dann die Befangenheit der Gegenwart in der Überlieferung überwunden, so dass das gegenwärtige Leben sich selbst durchsichtig wird: »Die Destruktion ist [...] der eigentliche Weg, auf dem sich die Gegenwart in ihren eigenen Grundbewegtheiten begegnen muß, und zwar so begegnen, daß ihr dabei aus der Geschichte die ständige Frage entgegenspringt, wie weit sie (die Gegenwart) selbst um Aneignung radikaler Grunderfahrungsmöglichkeiten und deren Auslegungen bekümmert ist.« (GA 62, 368)

Liest man diesen Satz genau, so gibt er als eine konzentrierte Zusammenfassung Aufschluss über Heideggers Konzeption der Philosophiegeschichte im Ganzen: Indem die Tradition auf ihren Anfang hin destruiert wird, befreit man sich aus der Befangenheit in den bloß tradierten und dabei verselbständigten Begriffen. Doch dabei findet man nicht nur einen Zugang zu den Begriffen in ihrer Ausdrucksfunktion und Sachlichkeit, sondern versteht, dass beides möglich ist – die Befangenheit in der Tradition und die Befreiung aus ihr. Auf das Wechselspiel von Befangenheit und Befreiung bezieht sich Heideggers Rede von den »Grundbewegtheiten«. Mit ihr soll gesagt sein: Befangenheit und Befreiung sind nicht einfach Zustände, sondern Vollzugsweisen des Lebens.

Indem Heidegger die Rückfrage an den Anfang der Tradition zugleich als die Erfahrung der Befangenheit in ihr versteht, deutet er die Destruktion als eine Erfahrung, in der man sich selbst erfährt. Dem entspricht, dass die Rückfrage zum Anfang auch nicht der Schritt zu einer philosophischen Theorie ist, die man nun in ihrer echten Ausdrucksfunktion und Sachlichkeit zur Kenntnis nehmen könnte, um ihre Beschreibungen zu übernehmen. Die Rückfrage zum Anfang stellt den Fragenden vielmehr selbst infrage; sie konfrontiert ihn mit der Herausforderung, selbst um die »Aneignung radikaler Grunderfahrungsmöglichkeiten und deren Auslegung bekümmert« zu sein, das heißt: Sie fordert zu einem Philosophieren heraus, in dem das Leben wieder unmittelbar zum Ausdruck kommt und dem die Sachlichkeit einer dem Leben entsprechenden Beschreibung eigentümlich ist.

Heidegger hat also sein früheres Motiv, hinzuhören auf das unmittelbare Leben der Subjektivität, nicht aufgegeben. Aber nun ist ein solches Hinhören für ihn nur noch als ein Hinhören auf den Anfang der Tradition möglich. Dieses Hinhören wiederum ist alles andere als eine Hörigkeit gegenüber dem Denken im Anfang; so würde es sich von der Befangenheit in der Tradition nicht unterscheiden. Es ist vielmehr der Schritt zum eigenen, lebendigen Denken. Ob das vergangene Philosophieren zu einer späteren Gegenwart wirklich sprechen kann und nicht nur deren Artikulationen durch selbständig gewordene Begriffe überformt, hängt wesentlich davon ab, ob das vergangene Philosophieren das spätere zum eigenen, lebendigen Denken herausfordert. Wo diese Herausforderung gelingt und das spätere Denken sich vom früheren in seiner Authentizität ansprechen lässt, gewinnt auch das spätere seine Ausdrucksfunktion zurück.

Dort, wo die Philosophie der Ausdrucksfunktion ihrer Begriffe entspricht, artikuliert sie sich in ihrer Besonderheit. Das Besondere aber ist, als solches betrachtet, das voneinander Getrennte und Unterschiedene, und wo man diese Unterschiedenheit in zeitlicher Hinsicht ausdrückt, ist das Besondere das Vergangene in seiner Unterschiedenheit vom Gegenwärtigen. Von der Besonderheit des Vergangenen ist auch der Anfang der Tradition, Aristoteles, nicht ausgenommen; ja, gerade er kann von dieser Besonderheit nicht ausgenommen sein, wenn Heidegger der Philosophie des Anfangs die Ausdrucksfunktion nachdrücklich zuspricht. Sofern die Philosophie des Aristoteles als Ausdruck verstanden werden muss, ist sie vergangen und lässt sich nicht einfach übernehmen. Die Einsicht in die Besonderheit auch des Anfangs der Tradition macht für Heidegger sogar einen wesentlichen Aspekt der »Aneignung der Geschichte« aus, diese besagt nämlich:

»Radikal verstehen, was jeweilen eine bestimmte vergangene philosophische Forschung in ihrer Situation und für diese in ihre Grundbekümmerung stellte; *verstehen*, das heißt nicht lediglich zur konstatierenden Kenntnis nehmen, sondern das Verstandene im Sinne der eigensten Situation für diese ursprünglich wiederholen. Das geschieht aber am allerwenigsten in der Übernahme von Theoremen, Sätzen, Grundbegriffen und Prinzipien und in der irgendwie geleiteten Erneuerung derselben. Verstehende Vorbildnahme, der es um sich selbst geht, wird von Grund aus die Vorbilder in die schärfste Kritik stellen und zu einer möglichen fruchtbaren Gegnerschaft ausbilden. Das faktische Dasein ist, was es ist, immer nur als das eigene, nicht das Überhauptdasein irgendwelcher allgemeiner Menschheit, für die zu sorgen lediglich ein erträumter Auftrag ist.« (GA 62, 350)

Nimmt man diese Sätze ernst, so wird man von Heidegger nicht erwarten dürfen, dass er die allgemeinen Bestimmungen der Grundstruktur des Lebens einfach aus den Bestimmungen des Aristoteles herausliest. Die im prägnanten Sinne des Wortes »eigenständige« Artikulation dieser Struktur, die Ausbildung eigener Grundbegriffe, ist vielmehr erforderlich, wenn man der Besonderheit des infrage stehenden »faktischen Daseins« entsprechen will.

Und doch hat dieses »faktische Dasein« eine Grundstruktur; in dieser ist es allgemein beschreibbar und bestimmbar, und entsprechend muss man fragen, wie diese Allgemeinheit zur Sprache kommen soll, wenn jede Beschreibung allein schon darin besonders ist, dass das »faktische Dasein« sich zugleich in ihr ausspricht und ausdrückt. Folgt man den gerade zitierten Sätzen aus Heideggers Projektskizze, so ist das nicht in der modifizierenden Erneuerung vergangener Grundbegriffe möglich. Heideggers Rückfrage an Aristoteles ist kein Plädoyer für einen wie frei auch immer durchgeführten Aristotelismus. Den Beschreibungen und Bestimmungen des Aristoteles könne man vielmehr nur in der »schärfsten Kritik« entsprechen, die sich zu einer »fruchtbaren Gegnerschaft« ausgebildet hat. Diese Gegnerschaft dürfe wiederum nicht den Charakter einer begrifflichen Alternative oder gar einer begrifflichen Überbietung haben wollen: Bei aller Besonderheit bleibt die Aristotelische Philosophie für Heidegger als Anfang der Tradition verbindlich. In seiner Projektskizze hat er – noch – nicht die Absicht, eine eigene Konzeption der Grundstruktur des faktischen Daseins zu entwickeln, in welche die des Aristoteles dann eingegliedert werden könnte. Die »fruchtbare Gegnerschaft«, von der Heidegger spricht, kann darum auch nur in der unaufgelösten Spannung des »ersten Anfangs« und eines »neuen Anfangs« bestehen. Es gilt, den ersten Anfang in einem neuen Anfang zu »wiederholen«.

Der »erste Anfang« und der »neue Anfang« sind Momente in der Bewegung des historischen Erkennens: Es ist der Vollzug des Fragens, in dem die Sache des ersten Anfangs ebenso wie die des neuen zum Tragen kommt. Das Fragen wiederum wird erforderlich, wenn man sich mit der gegenwärtigen Situation nicht begnügen will, und man kann sich mit ihr nicht begnügen, weil sie eine Provinz im Schattenreich der Begriffe ist. Als eine solche Provinz kann die gegenwärtige Situation schließlich verstanden werden, sofern die Schatten selbst noch auf das verweisen, wovon sie geworfen sind: Die verselbständigten Begriffe tragen ja »noch ein Stück echter Tradition ihres ursprünglichen Sinnes bei sich« (GA 62, 367) – sie verweisen auf ihren Anfang zurück. Im philosophischen Fragen selbst zeigt sich so die »Grundbewegtheit« des Lebens, und Heidegger gelangt zu den Bestimmungen der Grundstruktur des Lebens dadurch, dass er sich über den Vollzug des historischen Erkennens Rechenschaft gibt. Die Methode, der Vollzug des historischen Erkennens, ist der Gegenstand, und der Gegenstand, der Vollzug des historischen Erkennens, ist die Methode. So hätte es auch Hegel sagen können. Doch Heideggers Konzeption unterscheidet sich von der Hegelschen darin, dass Vergangenes und Gegenwärtiges, Anfang und Wiederholung, in ihrer Besonderheit bestehen bleiben und dadurch, dass sie verschieden voneinander sind, die Spannung des historischen Erkennens ausmachen. Im Gegenspiel des Besonderen, und nur in ihm, liegt das Allgemeine.

Wenn Heidegger zu den in seiner Projektskizze entwickelten Strukturbestimmungen des Lebens orientiert an einer Rechenschaftsgabe des historischen Erkennens findet, dann müssen sich auch die von ihm eingeführten Begriffe verständlich machen lassen, indem man sie auf den Vollzug des historischen Erkennens selbst bezieht. Der wichtigste dieser Begriffe ist Heideggers Begriff für den Vollzug des historischen Erkennens selbst: der einer »phänomenologischen Hermeneutik der Faktizität« (GA 62, 364).

Weil dieser Begriff in der Projektskizze nicht näher erläutert wird, empfiehlt es sich, auf eine Vorlesung zurückzugreifen, die Heidegger im Sommersemester 1923 unter dem Titel *Ontologie* (*Hermeneutik der Faktizität*) (GA 63) gehalten hat, also ein knappes Jahr nach der Niederschrift der Projektskizze. Vergleicht man diese Vorlesung mit der Projektskizze und der früheren Vorlesung *Phänomenologische Interpretationen zu Aristoteles* (GA 61), so kann man verstehen, wie es Heidegger gelingt, Gedankenzusammenhänge, die zunächst nur den Charakter von Intuitionen haben, zu konkretisieren.

Phänomenologische Hermeneutik der Faktizität – man versteht diesen Begriff wohl am besten, indem man bei dem an letzter Stelle genannten Wort ansetzt, zumal dieses in der Rede vom »faktischen Dasein« schon einmal begegnet war. Gleich zu Beginn seiner Vorlesung sagt Heidegger:

»*Faktizität* ist die Bezeichnung für den Seinscharakter ›unseres‹ ›eigenen‹ Daseins. Genauer bedeutet der Ausdruck: jeweilig dieses Dasein (Phänomen der ›Jeweiligkeit‹; vgl. Verweilen, Nichtweglaufen, *Da*-bei-, Da-sein), sofern es seinsmäßig in seinem Seinscharakter ›da‹ ist. *Seinsmäßig* dasein besagt: nicht und nie primär als *Gegenstand* der Anschauung und anschaulicher Bestimmung, der bloßen Kenntnisnahme und Kenntnishabe von ihm, sondern Dasein ist ihm selbst *da* im Wie seines eigensten Seins.« (GA 63, 7)

Es dürfte nach den bisherigen Klärungen nicht schwierig sein, diese gedrängte Bestimmung in ihre einzelnen Momente aufzulösen und sich so verständlich zu machen. Heidegger erläutert den Begriff »Faktizität« durch den Begriff der »Jeweiligkeit«, und damit schließt er an den bereits vertrauten Gedanken von der jeweiligen Situation, der jeweils bestimmten Zeit des eigenen Lebens an. Wir »sind« nicht zunächst – und dann noch zu einer bestimmten Zeit –, sondern es macht unser Sein aus, zu einer bestimmten Zeit zu sein. Der Terminus »Faktizität« verweist also auf die Besonderheit des eigenen Lebens in zeitlicher Hinsicht, und er verweist darauf, dass diese Besonderheit unhintergehbar ist; sie ist ein Faktum nicht im Sinne einer feststellbaren Tatsache, sondern in dem Sinne, dass die jeweilige Besonderheit ebenso wenig gewählt wurde, wie sie abzustreifen ist.

Im Anschluss daran versteht man auch die Bedeutung des Begriffs »Dasein«, der in den frühen Vorlesungen und der Problemskizze noch nicht eindeutig den Charakter eines Terminus hat und noch mehr oder weniger gleichbedeutend mit dem Ausdruck »Leben« verwendet wird. Die Vorlesung, der das Zitat entnommen ist, lässt jedoch bereits eine deutliche Bevorzugung von »Dasein« gegenüber »Leben« erkennen, eine Bevorzugung, die sich mit der Vorlesung aus dem Sommersemester 1925, *Prolegomena zur Geschichte des Zeitbegriffs* (GA 20), endgültig durchgesetzt hat. »Dasein« ist Heideggers Begriff für unsere Weise zu sein, und zwar in bestimmten Akzentuierungen: Dasein ist, zunächst einmal, als Infinitiv zu lesen, und will man, um sich den Sinn dieses Infinitivs verständlich zu machen, noch einmal auf den Ausdruck »Leben« zurückgreifen, so kann man sagen: Der Infinitiv soll darauf abheben, dass es das Leben nur gibt, sofern es gelebt wird. Der Infinitiv zielt darauf, dass wir in unserer Weise zu sein nicht primär etwas Vorliegendes, etwas Bestehendes sind, sondern eine Bewegtheit. Man erinnere sich an Heideggers Formulierung von den »Grundbewegtheiten« des Lebens aus der Projektskizze.

Doch wenn er nur dies hätte sagen wollen, hätte Heidegger den Ausdruck »Leben« durchaus beibehalten können, denn auch dieser lässt sich ja, zumindest im Deutschen, als Infinitiv lesen und kann deshalb gebraucht werden, um eine »Bewegtheit« anzuzeigen. Wie die zitierten Sätze aus der Ontologie-Vorlesung belegen, kommt es jedoch darauf allein nicht an. Heidegger assoziiert mit »Dasein« vielmehr »Verweilen«, »Nichtweglaufen« und ebenso die eigentümliche Prägung »*Da*-bei-sein«. »Dasein« heißt »Präsentsein«, »Nichtabwesendsein« in dem Sinne, dass damit Aufmerksamkeit im Gegensatz zur Unaufmerksamkeit bezeichnet ist. Vergisst man nicht, dass das Wort »Dasein« eine Erläuterung der Faktizität ist, so weiß man auch, worauf sich die hier gemeinte Aufmerksamkeit zu richten hat: auf die unhintergehbare, eigene zeitliche Besonderheit. »Dasein« heißt demnach »Beisichsein«, und das wiederum ist im Gegensatz dazu zu verstehen, dass jemand »nicht bei sich« ist. Das führt auf die Assoziation von »Dasein« mit »Verweilen« und »Nichtweglaufen« zurück: Man ist im Sinne Heideggers »da« oder »bei sich«, wenn man nicht von sich wegläuft. Was es heißen soll, vor sich wegzulaufen, ist bereits aus der Projektskizze zu entnehmen: Es heißt, im Schattenreich der Begriffe und Denkweisen der Tradition befangen zu sein. Doch wenn man diese Befangenheit als ein »Weglaufen« versteht, so ist damit zugleich darauf hingewiesen, dass man es bei ihr mit keinem Zustand zu tun hat, sondern mit einer Lebensbewegung. Diese Lebensbewegung nennt Heidegger schon in der Projektskizze

»das Verfallen«. »Verfallen« ist das Sichhalten, das Sichhaltenwollen in der Befangenheit in der Tradition.

Es ist jedoch nur möglich, sich in der Befangenheit der Tradition halten zu *wollen*, wenn die Besonderheit der eigenen Situation gegenwärtig bleibt. Auch das Verfallen ist dann insofern eine Weise des Daseins, als man in ihm »bei sich« sein muss, um dieses Beisichsein nicht zu wollen. »In allem Sichausdemweggehen ist das Leben faktisch für es selbst da; im ›Wegvonihm‹ stellt es sich gerade [...]. Das ›Aufgehen in‹ hat wie jede Bewegtheit der faktischen Zeitlichkeit in ihm selbst eine mehr oder minder ausdrückliche und uneingestandene *Rücksicht* auf das, wovor es flieht.« (GA 62, 360) Übersetzt man das wieder in den Problemzusammenhang der Philosophiegeschichte, so heißt es: Der Anfang der Tradition bleibt in der Tradition und im Verhalten zu ihr gegenwärtig; wo man es sich leichtmacht, indem man sich nur an die bereits ausgearbeiteten und überlieferten Begriffe und Denkweisen hält, weiß man im Grunde, dass diese eigentlich zu eigenem Denken herausfordern müssten, indem sie auf ihren Anfang zurückverweisen. Zu eigenem Denken wiederum können die bereits ausgearbeiteten und überlieferten Begriffe und Denkweisen nur herausfordern, indem man sich von ihnen abstößt und nicht länger darum »besorgt« ist, es sich leichtzumachen. Damit beginnt die Rückfrage zum Anfang.

Weil aber der Anfang immer nur Anfang ist, sofern es bei ihm nicht bleibt, ist es unmöglich, zum eigenen und eigentlichen Philosophieren zu gelangen, ohne zuvor in der Tradition befangen zu sein und sich dann von ihr abzustoßen. Diese Bewegung wird bereits in der Projektskizze von Heidegger in die Struktur des historischen Lebens umreißenden Begriffen gefasst: »Das in der Faktizität selbst zugängliche Sein des Lebens an ihm selbst ist solcher Art, dass es nur auf dem *Umwege* über die Gegenbewegung gegen das verfallende Sorgen sichtbar und erreichbar wird. [...] Dieses im faktischen Leben für es selbst zugängliche Sein seiner selbst sei bezeichnet als *Existenz*.« (GA 62, 360 f.) Wenn Heidegger hier vom »zugänglichen Sein« spricht, ist das insofern missverständlich, als man denken könnte, dieses Sein – es ist immer nur das eigene und also das Dasein – könne betrachtet und beschrieben werden, so dass man es aufgrund einer solchen Betrachtung versteht. Doch gemeint ist nicht ein zugängliches Sein in diesem Sinne, sondern das Sein in seiner ausdrücklichen Zugänglichkeit. »Existenz«, wie Heidegger das Wort hier verwendet, meint die Distanzierung von der Tradition und die Rückfrage zu ihrem Anfang, sofern sich dabei die beiden »Grundbewegtheiten« der Faktizität artikulieren und man so weiß, woran man mit sich ist.

An diese Artikulation, die das eigene Sein zu verstehen gibt, denkt Heidegger, wo er von Hermeneutik spricht: »Der Terminus besagt [...] im Anschluß an seine ursprüngliche Bedeutung: eine bestimmte Einheit des Vollzugs des hermeneúein (des Mitteilens), d.h. des zu Begegnung, Sicht, Griff und Begriff bringenden *Auslegens der Faktizität*.« (GA 63, 14)[8] Hermeneutik ist Selbstauslegung des Daseins und darin Ausdruck seiner gegenwärtigen Besonderheit in der Rückfrage zum Anfang; sie ist, mit einer anderen Formulierung Heideggers, »Wachsein des Daseins für sich selbst« (GA 63, 15).

Es wurde bereits gezeigt, dass das Verhältnis der Tradition einschließlich der Gegenwart zu ihrem Anfang für Heidegger nur durch eine als Destruktion verstandene Philosophiegeschichte geklärt werden kann. In der Destruktion gesteht man sich den befangenen Charakter der Tradition ein und ist bei der Rückfrage zum Anfang »bei sich« in seiner besonderen gegenwärtigen Situation. Indem man dies artikuliert, macht man die Bewegtheit des Lebens deutlich, und zwar in ihren beiden »Grundbewegtheiten«: Ausdrücklich wird sowohl das Verfallen an das Schattenreich der Begriffe und Denkweisen als auch das wahrhaftige Fragen. Oder allgemeiner und in Heideggers Terminologie gesagt: Ausdrücklich wird die Faktizität »hermeneutisch«.

Nun lässt sich verständlich machen, warum Heidegger die Hermeneutik der Faktizität als »phänomenologische« Hermeneutik bezeichnet. Gewiss hat Heidegger den Terminus »Phänomenologie« von Husserl übernommen, und in einer Hinsicht bleibt das, was Heidegger unter Phänomenologie versteht, dem Verständnis seines Lehrers ähnlich. In seinen *Logischen Untersuchungen* hatte Husserl das Programm einer »reinen Logik« entworfen und darunter den Versuch verstanden, die »eigentlichen Objekte der logischen Forschung«[9], seinem Verständnis nach die Begriffe und ihre Verbindungen etwa in Urteil und Schluss, derart zu beschreiben, wie sie ursprünglich gegeben sind. Gegeben aber sind sie im Bewusstsein, so dass die Phänomenologie es damit zu tun hat, auf die entsprechenden Bewusstseinsvorgänge aufmerksam zu sein und sie zu beschreiben. Dabei handelt es sich, wie Husserl betont, »nicht um grammatische Erörterungen im empirischen, auf irgendeine historisch gegebene Sprache bezogenen Sinn, sondern um Erörterungen jener allgemeinsten Art, die zur weiteren Sphäre einer objektiven *Theorie der Erkenntnis* und, was damit innigst zusammenhängt, einer *reinen Phänomenologie der Denk- und Erkenntniserlebnisse* gehören«[10]. Die »reine Phänomenologie« hält sich nicht an die Begriffe einer bestimmten Sprache, sondern will in der Aufmerksamkeit auf die Bewusstseinsvorgänge das erfassen, was die Begriffe einer bestimmten Sprache »meinen«, und eben dies aufweisen: Die Phänomenologie ist »intuitiv« und »deskriptiv«.

Man sieht, was Heidegger aus diesem Programm übernommen hat: Dem, was Husserl »Intuition« nennt, entspricht in der Habilitationsschrift bereits das Hinhören auf das unmittelbare Leben der Subjektivität; ihm entspricht das Wort »Dasein« in der erläuterten Bedeutung insofern, als auch dieses Wort die unmittelbar erfassende Aufmerksamkeit anzeigt. Und was Husserl als »Deskription« versteht, erhält bei Heidegger seine bisher deutlichste Entsprechung in der Hermeneutik. Heidegger nimmt Husserls Programm auf und transponiert die Phänomenologie der Denk- und Erkenntniserlebnisse in eine Phänomenologie der historischen Erkenntnis und in eine Phänomenologie des Daseins.

Doch mit den bisherigen Erläuterungen ist noch nicht gesagt, was den Terminus »Phänomenologie« zur Bezeichnung des Husserlschen Programms geeignet macht und was ihn auch Heidegger als so geeignet erscheinen lässt, dass er ihn von Husserl übernimmt. Das lässt sich mit Heidegger selbst beantworten:

> »Das Wort *Phänomen* hat seinen Ursprung in dem griechischen Terminus phainómenon, was sich von phaínesthai, sich zeigen, ableitet. Phänomen ist also das, was sich zeigt, als sich zeigendes. Das heißt zunächst: es ist als es selbst da, nicht irgendwie vertreten oder in indirekter Betrachtung, und nicht irgendwie rekonstruiert. Phänomen ist die Weise des Gegenständlichseins von etwas, und zwar eine ausgezeichnete: das von ihm selbst her Präsentsein eines Gegenstandes.« (GA 63, 67)

Für Husserl war es, wenn man dieser Erläuterung folgt, die »Gegebenheit« des Sinnes von Gedachtem und Erkanntem im Bewusstsein, was ihn dazu bringen konnte, sein Programm als Phänomenologie zu bezeichnen. Alle Bewusstseinsakte sind auf etwas gerichtet, sie sind »intentional«, und das, worauf sie gerichtet sind, ist unmittelbar in ihnen präsent. Wenn die Intentionalität eine Wesensbestimmung von Bewusstseinsakten ist, so lassen diese sich nur phänomenologisch beschreiben, denn ihnen ist die Gegebenheit dessen, worauf sie gerichtet sind, wesentlich. Für Heidegger bietet sich die Phänomenologie darum an, weil das Leben, verstanden als Dasein, durch »Selbstgegebenheit« charakterisiert ist. Dasein heißt Präsentsein, und aus diesem Grunde ist das Dasein der ausgezeichnete »Gegenstand« der Phänomenologie.

Die Präsenz, die mit dem Terminus »Dasein« zu verstehen gegeben werden soll, ist allerdings eine Präsenz eigener Art: Sie ist dadurch charakterisiert, dass sie zunächst undurchsichtig ist und erst geschichtlich auf dem »Umweg« der Destruktion gewonnen werden kann. Dieser Gedanke ist Husserl ebenso fremd, wie er für Heidegger zentral ist; mit ihm erhält der Begriff der Phänomenologie erst die spezifisch Heideggersche Bedeutung. Seine eigentliche Pointe im Hinblick auf den Begriff der Phänomenologie formuliert Heidegger in der Ontologie-Vorlesung:

»Sollte es sich nun herausstellen, daß es zum *Seins*charakter des *Seins*, das Gegenstand der Philosophie ist, gehört: *zu sein* in der Weise des *Sich-verdeckens* und Sich-verschleierns – und zwar nicht akzessorisch, sondern seinem Seinscharakter nach –, dann wird es eigentlich ernst mit der Kategorie Phänomen. Die Aufgabe: es zum Phänomen zu bringen, wird hier radikal phänomenologisch.« (GA 63, 76)

Und noch deutlicher heißt es dann in *Sein und Zeit*:

»Was ist es, was in einem ausgezeichneten Sinne ›Phänomen‹ genannt werden muß? Was ist seinem Wesen nach *notwendig* Thema einer *ausdrücklichen* Aufweisung? Offenbar solches, was sich zunächst und zumeist gerade *nicht* zeigt, was gegenüber dem, was sich zunächst und zumeist zeigt, *verborgen* ist, aber zugleich etwas ist, was wesenhaft zu dem, was sich zunächst und zumeist zeigt, gehört, so zwar, daß es seinen Sinn und Grund ausmacht.« (GA 2, 47/35)[11]

Heideggers Hinweis auf die »ausdrückliche Aufweisung«, die die Phänomenologie zu leisten hat, macht auch den Terminus »Phänomenologie« verständlich: Die Philosophie ist »lógos«, aufweisende Rede, in der das, was sich »zunächst und zumeist nicht zeigt«, herausgehoben und ausdrücklich gemacht wird; diese Rede macht darauf aufmerksam, was »Sinn und Grund« des sich zunächst Zeigenden ist. Und wenn beides wir selbst sind, dann ist der »lógos« der Philosophie ein sprachliches Aufzeigen, durch das wir uns selbst zu verstehen gegeben werden. Wie Heidegger dann in *Sein und Zeit* ausdrücklich sagt, hat »der lógos der Phänomenologie [...] den Charakter des hermeneúein« (GA 2, 50/37). Phänomenologie und Hermeneutik der Faktizität sind letztlich dasselbe.

Indem Heidegger den Terminus »Phänomenologie« von Husserl übernimmt, baut er sich auch eine Brücke zu den philosophischen Fragen, auf die er sich beziehen muss, wenn er sein Programm einer Philosophie als historischer Erkenntnis einlösen will: zu den Fragen des Aristoteles. Aus dem »prinzipiellen neuen Grundansatz«, den Heidegger bei Aristoteles sieht, »erwachsen« dessen »Logik und Ontologie«. Heidegger versteht »Ontologie« und »Logik« hier als Bezeichnungen für die Aristotelischen Konzeptionen des – sich zeigenden – Seienden sowie des dieses Seiende aufweisenden Sprechens; »Logik« hat hier nichts mit der Lehre vom schlüssigen und folgerichtigen Denken und Argumentieren zu tun. »Ontologie« und »Logik« sind aber auch die Titel, die in der Problemskizze auf die beiden Aspekte der Hermeneutik der Faktizität verweisen. Dazu heißt es:

»Die Problematik der Philosophie betrifft das Sein des faktischen Lebens. Philosophie ist in dieser Hinsicht *prinzipielle Ontologie*, so zwar, dass die bestimmten einzelnen welthaften regionalen Ontologien von der Ontologie der Faktizität her Problemgrund und Problemsinn empfangen. Die Problematik der Philosophie betrifft das Sein des faktischen Lebens im jeweiligen Wie des Angesprochen- und Ausgelegtseins. Das heißt, die Philosophie ist als Ontologie der Faktizität zugleich kategoriale Interpretation des Ansprechens und Auslegens, das heißt *Logik*.« (GA 62, 364)

Hier fällt auf, dass die Philosophie – unter dem Aspekt der »Logik« – nicht mehr einfach als Ausdruck und Beschreibung der

Faktizität gefasst wird, sondern als »Interpretation des Ansprechens und Auslegens«. Damit kündigt sich eine Verschiebung in der Konzeption Heideggers an, die noch ausführlicher zu erörtern sein wird. Um diese Verschiebung vorgreifend zu charakterisieren, kann man sagen: Bei seinem Versuch, die Philosophie in ihrem geschichtlichen Charakter als Destruktion, als Rückfrage zum Anfang, durchzuführen, zeigt sich das Phänomen des Daseins in einer Weise, die zu einer Krise des Heideggerschen Philosophieverständnisses führt – und damit zu einer Krise seines Verständnisses der Geschichte. So paradox es vielleicht auch klingt: Das Buch, das normalerweise und völlig zu Recht als sein systematisches Hauptwerk gilt, *Sein und Zeit* also, markiert im Denken Heideggers eine gewaltige und folgenreiche Irritation.

Doch auch in anderer Hinsicht ist die Aristoteles-Skizze die Keimzelle einer Irritation, die Heidegger als solche allerdings erst in den 1930er Jahren aufarbeiten wird. Das Konzept, das er sich mit der Aristoteles-Skizze erarbeitet, hat nämlich keinen Platz mehr für das in der Habilitationsschrift dominierende Motiv einer Beziehung der Philosophie auf die Religion. Und doch gibt er dieses Motiv nicht einfach auf, sondern bestätigt seine Wirksamkeit, indem er es eigens zur Sprache bringt. Wo Heidegger das Programm einer Aufweisung der Faktizität entwirft, die als Hermeneutik die Artikulation eines Selbstverstehens ist, wird der Gedanke aufgegeben, ein solches Selbstverstehen solle Hinweis auf ein in der Ernsthaftigkeit des Glaubens geführtes Leben sein – nicht stillschweigend, sondern entschieden. Von einer »Philosophie der verehrenden Gottinnigkeit« (GA I, 410) ist nun keine Rede mehr. In der Projektskizze heißt es, eine Philosophie, die sich dafür entschieden habe, »das faktische Leben von ihm selbst her aus seinen eigenen faktischen Möglichkeiten auf sich selbst zu stellen«, habe »*grundsätzlich atheistisch*« zu sein und das zu verstehen (GA 62, 363).

Diese Charakterisierung der Philosophie war Heidegger so wichtig, dass er sie in einer Fußnote erläutert hat. »Atheistisch« sei die Philosophie nicht »im Sinne einer Theorie als Materialismus oder dergleichen«, und er fährt fort:

»Jede Philosophie, die in dem, was sie ist, sich selbst versteht, muß als das faktische Wie der Lebensauslegung gerade dann, wenn sie dabei noch eine ›Ahnung‹ von Gott hat, wissen, daß das von ihr vollzogene sich zu sich selbst Zurückreißen des Lebens, religiös gesprochen, eine Handaufhebung gegen Gott ist. Damit allein aber steht sie ehrlich, d.h. gemäß der ihr als solcher verfügbaren Möglichkeit vor Gott; atheistisch besagt hier: sich freihaltend von verführerischer, Religiosität lediglich beredender, Besorgnis.« (GA 62, 363)

Obwohl es im ersten Moment so scheinen kann, als hielte Heidegger hier an seinem frühen Versuch fest, die Philosophie und die Ernsthaftigkeit des Lebens, zu der sie auslegend verhilft, auf die Religion zu beziehen, behauptet er nichts weniger als die radikale Unversöhnlichkeit von Philosophie und Religion. Zunächst erscheint das keineswegs so. Wenn Heidegger sagt, eine Philosophie, die noch eine Ahnung von Gott habe, müsse sich als »Handaufhebung« gegen Gott verstehen und stehe darin vor Gott, so scheint er das Verhältnis von Philosophie und Religion gerade festzuhalten und nur auf eine – verglichen mit der Habilitationsschrift – neue Weise zu etablieren. Die Philosophie wird hier schließlich in der Perspektive der Religion betrachtet, und diese Betrachtung hat Heidegger wahrscheinlich auch wieder bei Kierkegaard gelernt: Die Analyse des menschlichen »Selbst« und der Formen seiner Verzweiflung, die Kierkegaard sein Pseudonym Anti-Climacus in der *Krankheit zum Tode* anstellen lässt, soll zwar einerseits die Möglichkeit des Glaubens nahelegen, die allein aus der Verzweiflung herausführen kann; aber andererseits weiß Anti-Climacus genau, dass diese Betrachtung, christlich gesprochen, Sünde ist. Statt einer demütigen Beugung unter den Glauben bekundet sich in ihr eine fragwürdige Verliebtheit in die Verzweiflung.

Dieser Gedanke ist bei Heidegger aufgenommen, doch die Charakterisierung der Philosophie als »Handaufhebung« ist wesentlich radikaler als ihre Charakterisierung als Sünde bei Kierkegaard. »Handaufhebung« ist eine Weise, bei einer Wahl seine Stimme abzugeben. Wer sich dennoch, »die Hand aufhebend«, für die Philosophie entscheidet, votiert damit gegen Gott. Zur Ernsthaftigkeit und Einheitlichkeit eines im Glauben geführten Lebens ist das philosophische Leben eine strikte Alternative. Und zu dieser Alternative sieht Heidegger sich offenbar genötigt, weil das Destruktionsprogramm, das er in seiner Projektskizze entwirft, auch die »theologische Anthropologie« einbegreift: Die Theologie Augustins, deren zentrale Bedeutung Heidegger betont, verweist für ihn mit ihrer »Idee des Menschen und des Daseins [...] in die griechische Philosophie, die griechisch fundierte patristische Theologie, in die paulinische Anthropologie und in die des Johannesevangeliums« (GA 62, 371). All dies fällt in den Wirkungsbereich des Destruktionsprogramms, auch die Paulinische Anthropologie, für die das, was die Griechen suchten, angesichts des Kreuzes zu einer Torheit geworden ist (1. Kor. 1, 19-25), und zwar dann, wenn sich auch »antigriechische [...] Tendenzen [...] in denselben Blickrichtungen und Auslegungsweisen« halten, die durch den Anfang der philosophischen Tradition ermöglicht worden sind. Der Atheismus des Destruktionsprogramms richtet sich nicht nur gegen eine »verführerische, Religiosität lediglich beredende Besorgnis«. Und doch ist es bedeutsam, dass Heidegger auf diese Dinge überhaupt zu sprechen kommt; so wird deutlich, wie wichtig sie ihm sind. Auch dieses Thema wird ihn dazu nötigen, sein Destruktionsprogramm erheblich zu verändern. Am Ende wird er dabei zur Einsicht in den problematischen Charakter einer philosophischen Gegenbewegung zur Religion kommen.

3. Fundamentalontologie: Ein folgenreiches Zwischenspiel

Destruktion des Aristoteles

Die Behauptung, das wirkungsmächtigste und systematisch am besten ausgearbeitete Buch Heideggers, das 1927 erschienene *Sein und Zeit* also, dokumentiere im Zusammenhang seiner Philosophie eine Krise, ist gewiss nicht sofort nachvollziehbar.

Die Behauptung entspricht jedoch dem Selbstverständnis Heideggers; das zeigt ein Brief, den er im Jahr 1942 an den Literaturwissenschaftler Max Kommerell geschrieben hat: »*Sein und Zeit*« sei »eine Verunglückung« gewesen.[12] Und in einem Brief aus dem Jahr 1935 an Elisabeth Blochmann heißt es: »Beiläufig mehren sich die Blätter in einem Umschlag, der überschrieben ist: Kritik zu ›Sein u. Zeit‹. Langsam verstehe ich dieses Buch, dessen Frage ich jetzt deutlicher begreife; ich sehe die große Unvorsichtigkeit, die in dem Buche steckt, aber vielleicht muß man solche ›Sprünge‹ machen, um überhaupt zum Sprung zu kommen. Es gilt jetzt nur, dieselbe Frage noch einmal zu stellen, viel ursprünglicher u. viel freier von allem Zeitgenössischen und Gelernten und Gelehrten.« (HBBr, 87f.)

Man muss jedoch gar nicht auf die Selbstzeugnisse Heideggers zurückgreifen, um zu zeigen, dass *Sein und Zeit* »eine Verunglückung« war. Das Buch ist Fragment geblieben: Es war auf zwei Teile angelegt, die in je drei Abschnitte unterteilt sein sollten. Veröffentlicht hat Heidegger nur die ersten beiden Abschnitte des ersten Teils.

Für die Veröffentlichung gab es äußerliche Gründe: Die »große Unvorsichtigkeit«, von der Heidegger in seinem Brief an Elisabeth Blochmann spricht, war nötig geworden, weil die Marburger Philosophische Fakultät Heidegger als Nachfolger von Nicolai Hartmann für das erste philosophische Ordinariat vorgeschlagen hatte. Der Vorschlag war, wie Heidegger selbst berichtet (GA 14, 99), vom Ministerium in Berlin mit der Begründung zurückgegeben worden, Heidegger habe seit seiner Habilitationsschrift nichts mehr veröffentlicht; daran hatte sich also seit seiner Berufung nach Marburg nichts geändert. Obwohl die beiden Aushängebögen des Buches, die 1926 an das Ministerium geschickt worden waren, mit dem Vermerk zurückkamen, sie seien unzureichend, wurde Heidegger 1927 dann doch auf das Ordinariat berufen.

Sein und Zeit, und damit ist im Folgenden, wenn es nicht ausdrücklich gesagt wird, immer nur der veröffentlichte Teil gemeint, ist also unter erheblichem Zeitdruck entstanden, und das merkt man dem Buch auch an. Obwohl es über weite Strecken sorgfältig ausgearbeitete Passagen enthält, hat es doch auch den Charakter eines Programmentwurfs. Wesentliche Probleme werden nur angedeutet, und dabei wird die ausführliche Erörterung manchmal auf den zweiten Teil verschoben; der zweite Teil hätte der eigentlich entscheidende werden sollen.

Was diesen zweiten Teil angeht, so kann man sich zumindest von zweien der geplanten Abschnitte ein recht genaues Bild machen. Das Material für einen von ihnen hat Heidegger zu einem selbständigen Buch ausgearbeitet und 1929 unter dem Titel *Kant und das Problem der Metaphysik* (GA 3) veröffentlicht. Das Material des Abschnitts, der als letzter des zweiten Teils vorgesehen war, ist in Form der Vorlesung aus dem Sommersemester 1927 *Die Grundprobleme der Phänomenologie* (GA 24) zugänglich. Ihr lassen sich auch wichtige Hinweise auf die Fragestellung entnehmen, die von Heidegger im dritten Abschnitt des ersten Teils entwickelt werden sollte.

Doch Heidegger hat den zweiten Teil des Projektes *Sein und Zeit* gewiss nicht aus äußerlichen Gründen zurückgehalten und aus dem Kant-Teil ein anders ansetzendes, selbständiges Buch gemacht. Das Scheitern des Projektes ist vielmehr darin begründet, dass sein systematischer Entwurf sich nicht so durchführen ließ, wie Heidegger es geplant hatte. Um das zu erläutern und um überhaupt in die Fragestellung des Projektes über *Sein und Zeit* hineinzukommen, empfiehlt es sich, die von Heidegger geplante Systematik etwas eingehender zu betrachten. Gemäß einem »Aufriß der Abhandlung« im § 8 von *Sein und Zeit* (GA 2, 52 f./39 f.) hätte das ganze Werk folgenden Aufbau haben sollen

I. Die Interpretation des Daseins auf die Zeitlichkeit und die Explikation der Zeit als des transzendentalen Horizontes der Frage nach dem Sein.
   1. Die vorbereitende Fundamentalanalyse des Daseins.
   2. Da*Sein* und *Zeit*lichkeit.
   3. Zeit und Sein.

II. Grundzüge einer phänomenologischen Destruktion der Geschichte der Ontologie am Leitfaden der Problematik der Temporalität.
   1. *Kants* Lehre vom Schematismus und der Zeit als Vorstufe einer Problematik der Temporalität.
   2. Das ontologische Fundament des »cogito sum« *Descartes'* und die Übernahme der mittelalterlichen Ontologie in die Problematik der »res cogitans«.
   3. Die Abhandlung des *Aristoteles* über die Zeit als Diskrimen der phänomenalen Basis und der Grenzen der antiken Ontologie.

Nach der eingehenden Beschäftigung mit der Projektskizze wird hier wahrscheinlich einiges vertraut und anderes ungewöhnlich vorkommen. Hält man sich zunächst an das Vertraute, so wird das Neue umso deutlicher hervortreten. Vertraut ist natürlich die Rede vom »Dasein« im ersten Teil des Plans ebenso wie die Zusammenstellung von Dasein und Zeit, die an das Programm der »historischen Erkenntnis« erinnert.

Doch im fünften Kapitel des Buches, das den Titel »Zeitlichkeit und Geschichtlichkeit« trägt, kommt die »historische Erkenntnis« der Philosophie bestenfalls am Rande zur Sprache. Und erinnert man sich an die Projektskizze, so muss es überraschen, dass die »Geschichtlichkeit« des Daseins nicht als Vollzug der Destruktion verstanden wird, sondern die Destruktion der Überlieferung erst im zweiten Teil durchgeführt werden soll. In dieselbe Richtung weisen noch andere Differenzierungen: Heidegger unterscheidet in seinem Aufriss »Zeit«, »Zeitlichkeit« und »Temporalität«, und hält man sich an die entsprechenden Ausführungen der Grundprobleme-Vorlesung, ist dabei »Zeit« als Oberbegriff für »Zeitlichkeit« und »Temporalität« gemeint (GA 24, 389). Den Terminus »Temporalität« reserviert Heidegger für den zweiten Teil des Projektes, wobei offenbar dem ersten Abschnitt dieses Teils die Rolle einer Überleitung zugedacht war: In der ihm zugedachten Überschrift ist von einer »Vorstufe für die Problematik der Temporalität« die Rede. ›Temporalität‹ ist ein auf das lateinische Wort *temporalitas* zurückgehendes Äquivalent zu ›Zeitlichkeit‹. »Temporalität« ist nun nichts anderes als »Zeitlichkeit«. Deshalb wird man vermuten können, dass Zeitlichkeit und Temporalität nicht zwei verschiedene Zeiten und noch nicht einmal zwei verschiedene Zeitformen sind. Es sind, und auch darüber gibt die Grundprobleme-Vorlesung Aufschluss, zwei verschiedene Erfahrungsweisen der Zeit, die Heidegger hier unterscheidet; in diesem Sinne spricht er von »der Zeitlichkeit des Daseins [...] hinsichtlich ihrer temporalen Funktion« (GA 24, 465).

Die systematische Absicht, die sich in diesen Differenzierungen ausspricht, bleibt fürs Erste gewiss noch dunkel. Doch eines lässt sich jetzt schon sagen: Das Unternehmen, an das Heidegger sich macht, zielt nicht mehr darauf, die Philosophie als »Hermeneutik der Faktizität« durchzuführen, das heißt mit der Rückfrage zum Anfang die Ausdrucks- und Beschreibungsfunktion der Philosophie zurückzugewinnen und die Grundstruktur des Daseins freizulegen. Diese Freilegung, die jetzt »Fundamentalanalyse des Daseins« heißt, ist »vorbereitend«, und zwar vorbereitend für die im zweiten Teil durchzuführende Destruktion der Überlieferung. Die Rede vom »vorbereitenden« Charakter der Fundamentalanalyse ist zweideutig: Einmal ist die Fundamentalanalyse »nur vorbereitend«, also noch nicht das, worauf es eigentlich ankommt; zum anderen aber ist das, worauf es eigentlich ankommt, ohne die den Boden erst bereitende Fundamentalanalyse des Daseins nicht zu haben.

Die Unterscheidung zwischen einer vorbereitenden Fundamentalanalyse des Daseins und der Destruktion wirkt sich auf das Verständnis der Destruktion aus: Die Destruktion führt zwar immer noch auf Aristoteles hin, dem der letzte Abschnitt des zweiten Teils gewidmet sein sollte; sie führt dorthin von Kant über Descartes, der seinerseits auf die »mittelalterliche Ontologie« bezogen wird. Seinem Modell einer rückläufigen Geschichte der Philosophie, das auch die Projektskizze bestimmte, bleibt Heidegger treu. Doch Aristoteles ist offenbar nicht mehr der Anfang, in den man nur zurückfragen muss, um sich aus dem Schattenreich der überlieferten Begriffe und Denkweisen zu befreien: Die Abhandlung des Aristoteles über die Zeit (Physik, IV. Buch) wird als »Diskrimen der phänomenalen Basis und der Grenzen der antiken Ontologie« bezeichnet; diese Abhandlung bildet also die »Scheidelinie«, an der die Grenzen der antiken Ontologie ebenso hervortreten wie ihre eigentümliche »phänomenale Basis«, also das, was der antiken Ontologie überhaupt in den Blick gekommen ist; die Emphase, mit der Heidegger sich in der Projektskizze auf Aristoteles bezog, ist radikal zurückgenommen. Aristoteles selbst fällt nun der Destruktion anheim.

Es ist bemerkenswert, dass Heidegger die Voraussetzungen für die veränderte Einschätzung des Aristoteles niemand anderem als Aristoteles verdankt. Ihre ersten Spuren finden sich schon in der Projektskizze, der wir uns deshalb noch einmal zuwenden müssen. Damit verschaffen wir uns auch die Möglichkeit, die Untersuchungen von *Sein und Zeit* besser zu verstehen, als wenn wir uns unmittelbar mit ihnen konfrontieren würden. Wir sind dann nicht mit einem hieratischen Block von Bestimmungen konfrontiert, sondern imstande, Heidegger dabei zuzusehen, wie er seine Bestimmungen allmählich entwickelt.

Die Hinweise auf die geplante Aristoteles-Interpretation, wie Heidegger sie in der Projektskizze gibt, folgen präzise der Fragerichtung, die mit dem Konzept der Destruktion vorgegeben ist: Wenn die Philosophie wesentlich Ausdruck und Beschreibung des Daseins ist, so muss die Philosophie, diejenige, die sich noch nicht im Schattenreich der Überlieferung bewegt, weil sie der Anfang der Überlieferung ist, Ausdruck und Beschreibung des Daseins sein.

Heidegger hat es nicht schwer, bei Aristoteles Zeugnisse für den Ausdruck und die Beschreibung des Daseins zu finden. Er findet sie vor allem im sechsten Buch der *Nikomachischen Ethik*, dessen für Heidegger wichtige Erörterungen mit dem folgenden Satz beginnen (EN 1139b 1518)[13]: »Es seien aber diese [Haltungen], durch die die Seele im Zu- oder Absprechen das Wahre trifft, fünf an der Zahl: Die Fähigkeit, etwas herzustellen, die Wissenschaft, die praktische Klugheit, die Weisheit, das Vernehmen; in der Annahme und der Meinung nämlich kann sie sich auch täuschen.« Aristoteles nennt fünf Formen des Wissens und gibt zugleich auch an, weshalb sie Formen des Wissens genannt werden können: Wer mit einer dieser Formen oder mehreren von ihnen vertraut ist, wird dann, wenn er über die Dinge spricht, mit denen er sich auskennt, nichts Falsches sagen; er wird vielmehr einer Sache eine bestimmte Eigenschaft richtigerweise zusprechen oder absprechen. Äußert demgegenüber jemand eine Meinung oder eine Annahme, so rechnet man von vornherein damit, dass das Gesagte auch unzutreffend sein kann.

Heidegger übersetzt den Aristotelischen Satz nun wie folgt:

> »Es seien also der Weisen, in denen die Seele Seiendes als unverhülltes in Verwahrung bringt und nimmt – und das in der Vollzugsart des zu- und absprechenden Explizierens –, fünf angesetzt: verrichtend-herstellendes Verfahren, hinsehend-besprechend-ausweisendes Bestimmen, fürsorgliches Sichumsehen (Umsicht), eigentlich-sehendes Verstehen, reines Vernehmen. (Nur diese kommen in Frage); denn im Sinne der Dafürnahme und des ›eine Ansicht Habens‹ liegt es, daß sie nicht notwendig das Seiende als unverhülltes geben, sondern so, daß das Vermeinte nur so aussieht *als*, daß es, sich vor das Seiende schiebend, täuscht.« (GA 62, 376 f.)

Man hat es hier mit einem frühen Beispiel für jene berühmt-berüchtigten Übersetzungen Heideggers zu tun, die von den Philologen oft nur mit Kopfschütteln zur Kenntnis genommen werden. Dabei haben die Philologen dann recht, wenn sie mit ihrem Kopfschütteln zu verstehen geben wollen, dass sich derart wohl keine Übersetzung erstellen ließe, die anstelle des Originals gelesen werden könnte. Doch das ist nicht Heideggers Ziel. Von seinen Übersetzungen sagt er in der Projektskizze selbst, sie seien »aus der konkreten Interpretation erwachsen« und enthielten »diese gleichsam in nuce« (GA 62, 372). Heideggers Übersetzungen sind Interpretationen und wollen es auch sein; sie sind Interpretationen, die oft genug überzeichnen oder, wie Heidegger selbst es nennt, »überhellen« (GA 62, 372), um am Text hervortreten zu lassen, was dieser von sich aus nicht ohne Weiteres sagt.

Sieht man Heideggers »Überhellungen« genauer an, so ist als Erstes festzuhalten, dass die – nach meiner Übersetzung – Aristotelische Formulierung »im Zu- und Absprechen die Wahrheit treffen« in zwei voneinander unterschiedene Momente differenziert wird: »Seiendes als unverhülltes in Verwahrung bringen und nehmen – und das in der Vollzugsart des zu- und absprechenden Explizierens«. Seiendes lässt sich dieser Lesart zufolge auch »in Verwahrung bringen und nehmen«, ohne dass dies in der »Vollzugsart« des Explizierens geschieht. Die »Vollzugsart« des Zu- und Absprechens erklärt und erläutert nur das, was nicht primär sprachlich vollzogen wird. Diese Unterscheidung zwischen den Formen des Wissens und ihrer sprachlichen Artikulation macht Heidegger in *Sein und Zeit* fruchtbar. Bei der Erörterung der »Uneigentlichkeit« wird auf sie zurückzukommen sein.

Doch zunächst interessiert sich Heidegger vor allem für die praktische Klugheit (phrónesis) und die Weisheit (sophía), die wiederum beide mit der Vernunft (noûs) in Zusammenhang stehen. Die Bestimmung des Verhältnisses von Phronesis und Sophia ist eine der wichtigsten Entdeckungen des Aristoteles. Mit ihr hat er nichts weniger entdeckt als die Entsprechung zwischen dem Wissen, das im alltäglichen Handeln leitend ist, und der Philosophie. Heidegger greift diese Entdeckung auf, wobei es zu der bereits angekündigten Veränderung seines Programms der Destruktion kommt. Um diese Veränderung zu verstehen, ist es erforderlich, sich die Aristotelische Entdeckung klarzumachen.

Die Phronesis besteht nach Aristoteles darin, mit sich über das für einen selbst Gute und Zuträgliche zu Rate zu gehen, und zwar nicht nur im Hinblick auf einen bestimmten Aspekt des Lebens, sondern im Hinblick auf das gute Leben im Ganzen (EN 1140a 26-28). Phronesis haben heißt, zu wissen, wie man sein Leben gut führt, und zwar so, dass man jeweils weiß, wie zu handeln ist. Phronesis ist kein Reflektieren über das Handeln, sondern die Verständigkeit, die sich im Handeln selbst zeigt.

Die Verständigkeit oder Klugheit der Phronesis muss nun dadurch charakterisiert sein, dass die Notwendigkeit des Handelns im Sinne eines guten Lebens in ihr durchweg gegenwärtig ist. Die Gegenwärtigkeit des Ziels, um dessentwillen man letztlich mit sich zu Rate geht, gibt den einzelnen Überlegungen und Entscheidungen ihren Sinn und hält sie in Gang. Die Gegenwärtigkeit dessen, um dessentwillen man letztlich mit sich zu Rate geht und einzelne Entscheidungen trifft, kann nicht von derselben Art sein wie die Kenntnis dessen, was im Einzelnen zu tun und zu lassen ist: Diese Kenntnis erwirbt man durch Erfahrung. Doch die Gegenwärtigkeit des Sinns von Überlegungen und Entscheidungen ist unmittelbar; dieser Sinn wird einfachhin vernommen, so dass in der Phronesis der Nous, die einfach vernehmende Vernunft, spielt.

Genauer gesagt, ist es allerdings etwas, was dem reinen Vernehmen nur entspricht; reines Vernehmen, das ohne Einschränkung so bezeichnet werden kann, gibt es für Aristoteles nur in der Philosophie. Wenn man so will, besteht die Strategie des Aristoteles in der *Nikomachischen Ethik* darin, das im alltäglichen Handeln herrschende und leitende Wissen dadurch aufzuwerten, dass er seine Entsprechung mit dem philosophischen Wissen deutlich macht, ohne es mit diesem Wissen zu identifizieren. Die Strategie besteht darin, das Philosophieren trotz seiner Abgehobenheit vom alltäglichen Leben auf dieses zu beziehen.

Das Wissen der Philosophie, wie es von Aristoteles vor allem in den Abhandlungen entfaltet wird, die späterhin den Titel *Metaphysik* erhalten haben, hat zu seinem Gegenstand das Seiende, sofern es Seiendes ist (Met. 1003a 21). Die Seiendheit, wie man das für Aristoteles hier zentrale Wort, »ousía«, übersetzen kann, ist darum auch das, was im philosophischen Wissen immer schon gegenwärtig sein muss, damit die Philosophie überhaupt vollzogen werden kann. Die Seiendheit ist das, was im philosophischen Wissen unmittelbar erfahren wird und um dessen Artikulation die Philosophie sich wesentlich bemüht. Philosophisches Wissen ist derart ein Zusammenspiel von Vernunft und Wissenschaft, von Nous und Episteme (EN 1141a 16-20).

Aber nicht nur, dass in der Phronesis wie in der Sophia der Nous wirksam ist, macht für Aristoteles ihre Gemeinsamkeit aus. Beiden ist außerdem eine vergleichbare Wirklichkeit eigen. In der Phronesis ist man zwar einerseits mit jeweils bestimmten Handlungsmöglichkeiten konfrontiert, zwischen denen es jeweils zu wählen und von denen es jeweils eine zu ergreifen gilt; insofern betrifft die Phronesis jeweiliges, begrenztes Handeln, das einen Anfang und ein Ende hat. Aber die jeweiligen Handlungen machen das gute Leben nicht aus. Im Sinne eines guten Lebens kommt es vielmehr darauf an, die Phronesis als eine Lebenshaltung auszuprägen, die fortwährend wirklich ist; die Phronesis ist dann die durch artikulierte Verständigkeit charakterisierte, fortwährende Wirklichkeit der Seele (EN 1098a 7). Fortwährende Wirklichkeit in diesem Sinne ist auch das Philosophieren, jedoch derart, dass die fortwährende Wirklichkeit hier nicht im Bereich dessen spielt, was auch anders sein kann. Das Philosophieren ist dem alltäglichen Leben enthoben, es wird rein um seiner selbst willen vollzogen und richtet sich auf das, was die Welt im Ganzen in ihrer Seiendheit ausmacht.

Es gehört zu den wichtigsten Einsichten Heideggers, dass er aus den Aristotelischen Bestimmungen der Phronesis und der Sophia den ihnen gemeinsamen Grundcharakter der Bewegtheit herausgesehen hat: Phronesis und Sophia sind Formen der Bewegtheit des Lebens. In der Entdeckung des »zentralen Phänomens« der Bewegtheit liegt für Heidegger der »prinzipielle neue Grundansatz« (GA 62, 371) der Aristotelischen Philosophie. Doch Heidegger deutet Aristoteles nicht nur, er deutet ihn auch um: Heidegger akzentuiert das Verhältnis von Phronesis und Sophia radikal anders als Aristoteles und bereitet so die Destruktion des Aristoteles vor. Indem man sich diese radikale Umakzentuierung plausibel macht, versteht man den Ansatz des Projektes von *Sein und Zeit.*

Daraus, dass auch in der Phronesis der Nous wirksam ist, hatte Aristoteles keineswegs geschlossen, die Phronesis habe es letztlich mit demselben Phänomen zu tun wie die Sophia; nur weil sich in Phronesis und Sophia bei aller Gemeinsamkeit Verschiedenes zeigt, ist die Aristotelische Unterscheidung von praktischer und theoretischer Philosophie sinnvoll. Das wird bei Heidegger anders. Die Phronesis, so sagt er, »bringt das Worauf des Umgangs menschlichen Lebens mit ihm selbst und das Wie dieses Umgangs in seinem eigenen Sein in Verwahrung« (GA 62, 383). Das aber heißt, mit dem dann in *Sein und Zeit* gebrauchten Terminus gesagt: Die Phronesis ist selbst ein »Seinsverständnis«. Das ist sie als ein Verstehen des menschlichen Lebens, dem die einzelnen Überlegungen und Entscheidungen des Handelns letztlich gelten.

Damit ist der entscheidende Schritt getan: Heidegger muss nur noch zeigen, dass Aristoteles selbst, in den ersten beiden Kapiteln des ersten Buches der *Metaphysik*, das theoretische Philosophieren in seiner Entwicklung aus dem praktischen Wissen verständlich macht, um die Priorität des praktischen Wissens behaupten zu können. Er muss dann den Schluss ziehen, dass das Sein des menschlichen Lebens, wie es Aristoteles in der *Nikomachischen Ethik* fasst, nicht mehr so bestimmt ist, wie es sich »zunächst« zeigt, sondern in der Orientierung an den entwickelten Bestimmungen der theoretischen Philosophie. Die in diesem Zusammenhang entscheidenden Sätze der Projektskizze lauten:

»In der Umsicht [das ist, wie man sich erinnern muß, Heideggers Übersetzung für phrónesis] ist das Leben da im konkreten Wie eines Womit des

Umgangs. Das Sein dieses Womit ist aber – und das ist entscheidend – nicht positiv hieraus ontologisch charakterisiert, sondern nur formal als solches, das auch anders sein kann, nicht notwendig und immer ist, wie es ist. Diese ontologische Charakteristik ist vollzogen im *negierenden* Gegenhalt gegen anderes und *eigentliches* Sein. Dieses ist seinerseits dem Grundcharakter nach nicht aus dem Sein des menschlichen Lebens als solchen explikativ gewonnen, sondern es entspringt in seiner kategorialen Struktur aus einer bestimmt *vollzogenen, ontologischen Radikalisierung der Idee des Bewegtseienden.*« (GA 62, 385)

Das heißt: Das praktische Wissen wird bei Aristoteles nur negativ bestimmt, weil es mit dem Möglichen und nicht mit dem Wirklichen zu tun hat – mit dem, was im Umgang begegnet, und nicht mit dem, was ist und nur ist. »Sein«, so sagt Heidegger zur Erläuterung dieses Gedankens, ist bei Aristoteles »Fertigsein, das Sein, in dem die Bewegung zu ihrem Ende gekommen ist« (GA 62, 385). An diesem Gedanken des Fertigseins orientiert sich Aristoteles, wenn er auch das menschliche Leben da in den Blick nimmt, wo es »hinsichtlich seiner eigensten Bewegungsmöglichkeit [...] zu [...] [seinem] Ende gekommen ist« (GA 62, 385), und zwar in der reinen fortwährenden, nicht mehr verschiedenen Möglichkeiten unterworfenen Bewegtheit des »reinen Vernehmens« (GA 62, 385).

Erinnert man sich noch einmal an die Aristotelische Bestimmung des Verhältnisses von Phronesis und Sophia, so wird noch deutlicher, worin der entscheidende Schritt Heideggers in seiner Aristoteles-Interpretation besteht: Aristoteles erkennt der Sophia einen höheren Rang zu als der Phronesis, weil in der Sophia das, was in der Phronesis nur unvollkommen ausgeprägt ist, rein und vollkommen zur Geltung kommt: das Vernehmen eines Fortwährenden. Aristoteles folgt so gesehen bei seiner Darstellung der Ausprägungen des Wissens am Anfang der *Metaphysik* einer »Entwicklungslogik«, der zufolge es das Resultat ist, von dem aus man die Genese zu begreifen und zu beurteilen hat; darin ist ihm sein in neuerer Zeit bedeutendster Schüler – Hegel – treu geblieben. Heidegger folgt demgegenüber seiner »Ursprungslogik«, indem er sich an der ursprünglichen Form des Wissens vom Leben und der Lebendigkeit orientiert und die entwickelte Form der theoretischen Philosophie auf die ursprüngliche der praktischen Philosophie zurückbezieht. Die praktische Philosophie ist für ihn auch die eigentlich theoretische.

Diese rückläufige Denkbewegung bestimmt auch hier das Programm der Destruktion. Aber jetzt führt die Ursprungslogik hinter den zunächst angenommenen Anfang zurück. In seiner Aristoteles-Interpretation gewinnt Heidegger mit der Phronesis einen Anfang, auf den man sich nicht mehr in »historischer Erkenntnis« richten kann: den Anfang des alltäglichen »Seinsverständnisses«. Die historisch destruktive Hermeneutik der Faktizität wird zu einer »Fundamentalanalyse des Daseins«, und zwar des nichtphilosophischen oder »vorontologischen« Daseins. Aus ihm soll sich dann die Möglichkeit der Philosophie verständlich machen lassen; im Ansatz hat das vorontologische Dasein bereits das »Seinsverständnis«, das sich dann in der Philosophie ausbildet – und es hat dieses Verständnis *ursprünglicher*.

Die Fundamentalanalyse des nichtphilosophischen Daseins ist in systematischer Hinsicht die wirkungsgeschichtlich bedeutendste Leistung Heideggers; und dennoch ist sie »eine Verunglückung«. Sie bringt das Programm der Destruktion in die größten Schwierigkeiten.

Fundamentalanalyse des Daseins

Fundamental ist die Analyse des Daseins für Heidegger in mehrfacher Hinsicht: Zum einen ist es ihr darum zu tun, die »Fundamentalstrukturen des Daseins« (GA 2, 28/21) herauszuarbeiten. Darin erkennt man die frühere Rede von den »Grundstrukturen« der Subjektivität oder des Lebens wieder; es sollen diejenigen Momente des Daseins herausgearbeitet werden, die das »Da«, also die für uns eigentümliche Weise zu sein, ausmachen.

Fundamental ist die Analyse des Daseins aber auch darin, dass sie sich in der Durchführung selbst begründet: Die Analyse des Daseins wird im Dasein vollzogen; indem sie vollzogen wird, deckt sie ihre eigene Möglichkeit auf, das heißt, sie erweist dasjenige, was sie freilegt, als ihr eigenes »Fundament«.

Fundamental ist die Analyse des Daseins weiterhin darin, dass sie den Grund von Wissenschaft und Philosophie überhaupt freilegt, denn »Wissenschaften sind Seinsweisen des Daseins, in denen es sich auch zu Seiendem verhält, das es nicht selbst zu sein braucht« (GA 2, 17/13). Und wenn die Philosophie spätestens seit Aristoteles ihre eigene Bestimmtheit in der Bestimmung der »Seiendheit« gewinnt, so kann sie in ihrem Vollzug nur aus den Fundamentalstrukturen des Daseins verstanden werden: Ursprünglich ist das vorphilosophische Dasein durch Seinsverständnis charakterisiert.

Fundamental ist die Analyse des Daseins schließlich, sofern sie mit der Aufdeckung des Fundaments aller Philosophie zugleich die Philosophie über sich zur Klarheit bringt und so erst in durchsichtiger Form ausbildet. Die Analyse des Daseins hat den Charakter einer »Fundamentalontologie«, einer Ontologie, die alle anderen Ontologien erst wirklich begründet. In diesem Sinne sagt Heidegger, »daß die ontologische Analytik des Daseins überhaupt die Fundamentalontologie ausmacht« (GA 2, 19/14).

Angesichts dessen ist es verwunderlich, dass Heidegger am Ende des veröffentlichten Teils von *Sein und Zeit* sagt, die »Herausstellung der Seinsverfassung des Daseins« bleibe »nur ein Weg«, und das »Ziel« sei »die Ausarbeitung der Seinsfrage überhaupt« (GA 2, 575/436). Die Rede von einer »Seinsfrage überhaupt« kann nicht darauf abzielen, in allen überlieferten Ontologien immer nur die Struktur des Daseins aufzufinden und zu versichern, dass alle Ontologien schließlich als Artikulationen im Dasein begriffen werden müssten. Vielmehr müssen die überlieferten ontologischen Konzepte daraufhin befragt werden, was ihre ontologische Eigenart ausmacht: Mit der »Seinsfrage überhaupt« meldet sich die Eigenart der Sophia gegenüber der Phronesis. Heidegger rührt hier an die Frage, ob das philosophische Denken in seiner Eigenart hinreichend zu begreifen ist, wenn man seine Genese aus dem praktischen Wissen – dem nichtphilosophischen Dasein – bedenkt. Er lässt dabei einen ersten Zweifel aufkommen, ob die Destruktion der überlieferten Philosophie auf den Anfang des Daseins in seinem Seinsverständnis hin eigentlich durchführbar ist. Heidegger rührt an die Frage, ob der zweite Teil seines Projektes sich aufgrund des ersten ausarbeiten lässt. Der zweite Teil wurde als solcher nie publiziert.

Bevor man jedoch verstehen kann, warum das Projekt von *Sein und Zeit* sich nicht durchführen ließ, muss man sich die »Fundamentalstruktur des Daseins« vor Augen führen. Es wird sich zeigen, dass Heidegger bestrebt ist, alle Momente des Daseins, die er herausarbeitet, in die Struktur einer dreifachen Gliederung einzuschreiben. Darin scheint bereits das vorläufige Ziel der Fundamentalanalyse des Daseins durch, nämlich »die Interpretation des Daseins auf die Zeitlichkeit«. Die dreifache Gliederung aller Strukturmomente spiegelt die dreifache Gliederung der Zeitlichkeit in Gewesenheit, Gegenwart und Zukunft.

Dasein in einer Welt

Wir wissen bereits, dass »Dasein« bei Heidegger ein Wort für unsere Weise zu sein ist, und wir wissen auch, dass zu dieser Seinsweise wesentlich »Seinsverständnis« gehört. Auch von dem, was »Seinsverständnis« hier heißen soll, haben wir bereits eine Vorstellung bekommen: Mit diesem Begriff zeigt Heidegger die ontologische Aufwertung des praktischen Wissens an. Das praktische Wissen bei Aristoteles ist immer auch ein unmittelbares Wissen von der Notwendigkeit, das Leben handelnd zu führen; es ist ein unmittelbares Wissen vom eigenen Leben – für Heidegger vom eigenen Sein.

In der Daseinsanalyse von *Sein und Zeit* ist nun dieser Gedanke im Einzelnen ausgearbeitet und dabei beträchtlich verfeinert. Um diese Verfeinerung in ihren Grundzügen zu entwickeln[14], beginnt man am besten mit einer Beobachtung, die noch ganz aristotelisch ist: Um überlegen und entscheiden zu können, wie man handeln will, muss man mit allem, dessen man sich handelnd bedient, bekannt sein, und man muss wissen, wie sich auf die Dinge, mit denen man es zu tun hat, Einfluss nehmen lässt, sofern das für eine bestimmte Handlung erforderlich ist. Zum Handeln gehören also ein Gebrauchswissen und ein Veränderungs- oder Herstellungswissen.

Heidegger entwickelt diesen Gedanken, indem er sich auf die Beschreibung des Gebrauchswissens und der im Gebrauchswissen begegnenden Dinge, die er »Zeug« nennt, konzentriert. Das hat bereits eine Pointe, die sich gegen die entsprechenden Beschreibungen bei Aristoteles richtet: Die Aristotelischen Beschreibungen sind nicht am Gebrauchswissen, sondern am Herstellungswissen orientiert. Wenn Aristoteles etwa das Wissen und die Tätigkeit eines Handwerkers beschreibt, so kommt es ihm darauf an, dass dieses Wissen sich im Resultat der Tätigkeit, ihrem Werk (érgon), zeigt. Und auch die Werkzeuge, die zur Verfertigung des Werkes dienen, kommen nur unter dem Gesichtspunkt ihrer Tauglichkeit zur Verfertigung dieses Werks in den Blick. Die Aufmerksamkeit Heideggers gilt demgegenüber dem Wissen des Handwerkers, mit seinen Werkzeugen umzugehen, und das ist der Sache auch angemessen: Die Veränderung oder Herstellung von etwas ist in der Regel dem Gebrauch unterstellt; wer etwas herstellt, stellt es in der Regel für den Gebrauch her.

Betrachtet man das Gebrauchswissen genauer, so zeigt sich, dass es niemals nur Wissen vom Gebrauch einer isolierten Sache ist: Jedes Zeug gehört in einen Zusammenhang – erst Schreibtisch, Lampe, Bücherregal, Schreibzeug und noch einiges mehr machen einen Arbeitsplatz aus. Gebrauchswissen ist also immer Wissen von einem *Zusammenhang*, und es ist entscheidend, dass dieser Zusammenhang bei irgendwelchen Verrichtungen nicht in der Aufmerksamkeit steht: Beim Schreiben denkt man nicht an den Füllfederhalter, und zum Schreiben gehört vieles dazu, dessen man sich im Augenblick noch nicht einmal bedient; die Tinte zum Nachfüllen des Füllers steht die meiste Zeit unbenutzt herum. Das Gebrauchswissen besteht also nicht in der Kenntnis vereinzelter Dinge, und es bezieht sich auch nicht nur auf das, womit man jeweils wirklich umgeht. Gebrauchswissen ist die Vertrautheit mit einem Zusammenhang.

Aber auch die Vertrautheit mit einem bestimmten Zusammenhang steht nicht isoliert. Alltäglich sind wir vielmehr mit vielen bestimmten Zusammenhängen vertraut, und zwar derart, dass sie meist gar nicht auffallen. Sie sind uns selbstverständlich. Ihre Selbstverständlichkeit besteht jedoch nicht nur darin, dass wir uns in ihnen auskennen und in der Regel problemlos mit diesem oder jenem »Zeug« umgehen können. Ihre Selbstverständlichkeit besteht auch darin, dass wir uns in den verschiedenen Zusammenhängen des Alltags selbst verstehen: Im Umgang mit bestimmten

Dingen in einem Zusammenhang können wir auf eine bestimmte Weise sein, und diese Dinge sind uns wichtig, weil wir im Umgang mit ihnen auf eine bestimmte Weise sein können. Berücksichtigt man, dass diese Dinge immer in einen Zusammenhang gehören, so ist es letztlich nicht der Umgang, in dem wir in bestimmter Weise sein können, sondern der Zusammenhang, in den sie gehören. Und berücksichtigt man, dass uns viele bestimmte Zusammenhänge vertraut oder selbstverständlich sind, so ist es der Zusammenhang dieser Zusammenhänge, in dem wir in bestimmter Weise sein können.

Diesen in einzelne Zusammenhänge differenzierbaren Zusammenhang der Vertrautheit mit den Dingen, in dem wir auf bestimmte Weise sein können, nennt Heidegger »Welt«. Und da wir nicht anders als in der Welt sein können, ist klar, dass Dasein und Welt zusammengehören: Dasein ist als solches In-der-Welt-sein.

Die Bestimmung dessen, wie wir sein wollen, vollziehen wir im Handeln, und das Handeln wird, wenn man der Heideggerschen Analyse folgt, immer im Zusammenhang der Welt vollzogen. Sofern dieser Zusammenhang ein bestimmter ist, liegen die Möglichkeiten unseres Handelns zwar immer schon fest; nichtsdestoweniger ist der Zusammenhang der Welt auch der *Freiraum* unseres Handelns. Der Freiraum unseres Handelns ist die Welt dadurch, dass sie verschiedene Handlungsmöglichkeiten im Umgang mit den Dingen für uns gleichsam bereithält. Wenn die Welt derart ein Möglichkeitsraum ist, dann sind wir nicht primär in der Welt, indem wir jeweils eine dieser Möglichkeiten ergreifen; immer gibt es sehr viel mehr Möglichkeiten, als wir im Augenblick realisieren: Indem wir vieles nicht tun, mit vielem nicht umgehen, bleibt uns die Möglichkeit des Umgangs offen. Es hat mit dem, was wir derart auf sich beruhen lassen, insofern »seine Bewandtnis«, als es für uns gerade darin von Belang ist, dass wir es mit ihm »bewenden lassen«. Diese beiden Aspekte: dass etwas von Belang ist, sofern es mit ihm »sein Bewenden« hat, fasst Heidegger zusammen, indem er die Welt einen »Bewandtniszusammenhang« nennt. Als Bewandtniszusammenhang wiederum ist die Welt für uns »bedeutsam«, und zwar darin, dass wir in ihr sein und dann auch handeln können. »Bewandtnis« und »Bedeutsamkeit« sind die Grundbestimmungen der Welt.

Vergegenwärtigt man sich noch einmal, dass das, womit wir jeweils wirklich umgehen, immer im Zusammenhang mit solchem steht, das wir auf sich beruhen lassen und das gerade darin, dass wir es auf sich beruhen lassen, unsere Welt mit ausmacht, dann kann man sagen, dass wir in der Welt nicht nur in bestimmter Weise sind, sondern in dieser Bestimmtheit auch Unbestimmtheit spielt: Das, was wir auf sich beruhen lassen, können wir niemals vollständig in unsere Aufmerksamkeit bringen. Es ist unendlich viel, zumal es viele Möglichkeiten gibt, auf etwas aufmerksam zu sein, und wir bei jeder dieser Möglichkeiten auf dasselbe in anderen Hinsichten nicht aufmerksam sind; in unendlich vielen und darin unbestimmten Hinsichten lässt man es auf sich beruhen. Der Freiraum der Welt, den wir erfahren, indem wir auf Bestimmtes aufmerksam sind, ist so gesehen das Unbestimmte und Unausdrückliche. Wäre es anders, könnten wir auf etwas gar nicht eigens aufmerksam werden, wir könnten es nicht, wie Heidegger das nennt, als Bestimmtes »entdecken«. Da wir aber so, wie wir sind, in der Welt sind, sind wir auch selbst unbestimmt. Die Unbestimmtheit der Welt ist unsere eigene Unbestimmtheit, und da die Welt der Freiraum unseres Handelns ist, macht die Unbestimmtheit der Welt unsere Freiheit aus. Heidegger hat in der Daseinsanalyse von *Sein und Zeit* einen Freiheitsbegriff herausgearbeitet, der dem Begriff der Handlungsfreiheit (Aristoteles) und dem Begriff der Willensfreiheit (Kant) insofern überlegen ist, als er Handlungsfreiheit und Willensfreiheit in ihrem Zusammenhang erst verständlich macht.

Mit den bisherigen Erläuterungen ist die Heideggersche Analyse des In-der-Welt-seins jedoch noch nicht erschöpft. Die meisten unserer Tätigkeiten sind auch darum nicht isoliert denkbar, weil sie wesentlich auf andere Menschen bezogen sind. Was wir tun, tun wir oft um anderer willen, und selbst wenn das nicht so ist, sind unsere Tätigkeiten zumeist nur möglich, weil sie zu den Tätigkeiten anderer passen, indem sie diese ergänzen, unterstützen oder sogar erst freisetzen. Welt ist gemäß der Heideggerschen Daseinsanalyse wesentlich »Mitwelt«. Auch die Mitwelt bietet als solche natürlich einen Freiraum mannigfacher Möglichkeiten, für- oder gegeneinander »da« zu sein.

Der genannte Aspekt der Mitwelt ist für Heidegger jedoch nicht der wichtigste. Am wichtigsten ist vielmehr, dass die anderen eine wesentliche Rolle dafür spielen, wie wir als Bestimmte sein können und sein wollen: Niemand erfindet das, was sie oder er ist und tut, gänzlich neu, sondern orientiert sich dabei immer an Seins- und Handlungsmöglichkeiten, die bereits von anderen realisiert worden sind. Und nicht nur das: In der Wahl dessen, wie wir sein und handeln wollen, sind wir auch insofern voneinander abhängig, als wir unsere Seins- und Handlungsmöglichkeiten beurteilen. Auch zu dieser Beschreibung hat Heidegger sich wohl von Aristoteles anregen lassen; dieser bestimmt in der *Nikomachischen Ethik* als das Ziel des »politischen« Lebens – und das heißt hier: des gemeinschaftlichen Lebens überhaupt – die Ehre, also im Ansehen anderer zu stehen (EN 1095b 22-30). Aristoteles macht bereits auf die Unselbständigkeit aufmerksam, die in dieser Bezogenheit auf andere liegt: Das Ansehen bei den anderen kann eigentlich nicht das Ziel sein, weil es nur durch die eigene gute Lebensführung zustande kommt, sofern es zu Recht besteht. Doch Heidegger fasst diesen Punkt noch radikaler. Bereits dadurch, dass man in einer bestimmten Weise sein Leben führt, ist man von den anderen abhängig, weil man nur durch sie die Möglichkeiten, in einer bestimmten Weise zu sein, kennt; erst recht aber ist man abhängig von ihnen dadurch, dass man wenigstens zunächst nicht umhinkann, sich an ihren Einschätzungen und Bewertungen zu orientieren. Das gilt für den Opportunisten ebenso wie für den Oppositionellen; beide sind zwar auf verschiedene Weise, aber letztlich doch gleichermaßen abhängig.

Sofern die Mitwelt bestimmte Möglichkeiten zu sein und zu handeln prägt, ist sie der Bereich der Unfreiheit: Sie ist der Bereich der Bestimmtheit, der uns zwar verschiedene Alternativen lässt, uns an diesem oder jenem bestimmten, bereits realisierten Verhalten zu orientieren, aber doch die Frage, wie wir sein wollen, niemals radikal freisetzt. Jede alltägliche Entscheidung spielt bereits in vorgezeichneten Bahnen, und sie spielt immer schon im Rahmen bestimmter Bewegungen. Weil die Mitwelt als Ganzes das Verhalten und die verschiedenen Möglichkeiten, in denen wir uns verhalten können, vorschreibt und das nicht notwendigerweise durch bestimmte Personen geschehen muss, ist die Unfreiheit der Mitwelt auf eigentümliche Weise anonym. Heidegger bezeichnet sie deshalb mit einer berühmt gewordenen Prägung als »das Man«. Er denkt hier an die jedem vertrauten Sätze, denen zufolge »man« etwas tut oder nicht tut.

Alles, was in *Sein und Zeit* zum »Man« gesagt wird, bleibt unverständlich, wenn man hier in erster Linie an eine Kulturkritik denkt. Zwar finden sich in den Heideggerschen Beschreibungen Momente, die mit der Rede von der »flächigen Breite« des »modernen« Lebens in der Habilitationsschrift bereits angeklungen waren. Aber das sind höchstens Obertöne; mit dem systematischen Anspruch von *Sein und Zeit* tritt die Orientierung am jeweiligen »Heute« merklich zurück. Das Zurücktreten der Bezugnahme auf eine geschichtliche Gegenwart macht einen Teil der »Verunglückung« des Projektes aus.

Heideggers Beschreibung der Mitwelt erinnert an sein Verständnis der Überlieferung in der Projektskizze: Aus dem Schattenreich der Begriffe und Denkweisen ist nun das Schattenreich der alltäglichen Einschätzungen und Beurteilungen geworden. Orientiert man sich an dieser Parallele, so zeichnet sich auch bereits ab, dass die der Unfreiheit des »Man« entsprechende Freiheit nicht darin bestehen kann, »außerhalb« des »Man« sein zu wollen; das ist genauso wenig möglich wie der Versuch, die Tradition einfach abzustreifen. Vielmehr kommt es darauf an, analog zur Bewegung der Destruktion, die bestimmte und bestimmende Mitwelt durchsichtig zu machen und zu ihrem Ursprung zurückzugehen. Der bestimmende Charakter der Mitwelt aber entspringt aus der Unbestimmtheit des Daseins selbst; er entspringt daraus, dass sich für uns die Frage, wie wir sein wollen, überhaupt stellen kann und wir auf diese Frage keine ein für allemal verbindliche Antwort haben. Die Unbestimmtheit des Daseins wird im Dasein als bedrohlich erlebt, sofern sie sich niemals vollkommen in Bestimmtheit übersetzen lässt und so auch jede Bestimmtheit relativiert. Die ausdrückliche Erfahrung dieser Unbestimmtheit ist gleichbedeutend mit der »eigentlichen« Erfahrung des Daseins. Auf die Unbestimmtheit des Daseins hin muss darum auch die scheinhafte Bestimmtheit der Mitwelt durchsichtig gemacht werden, damit die Bestimmtheit als begrenzt durch die Unbestimmtheit eingesehen wird, so dass man nun auch die anderen »freigibt«, statt sie für die Stabilität der eigenen Lebensdeutung zu überfordern.

Was mit der Rede von der Unbestimmtheit des Daseins gemeint ist, wurde bereits angesprochen: Wir sind in unserem Sein unbestimmt, sofern wir das, was in die Welt gehört, immer auch auf sich beruhen lassen. Unbestimmt sind wir auch darin, dass wir die Möglichkeiten des Handelns und Verhaltens niemals überblicken, weil es unendlich viele sind. Schließlich ist aber auch unser Verhältnis zueinander durch Unbestimmtheit charakterisiert: Wie »bestimmt« und »bestimmend« wir einander auch immer erfahren mögen – ebenso bleibt es doch wahr, dass keiner von uns nur die Bestimmtheit ist, in der er sich gibt und gesehen wird. Diese drei Aspekte der Unbestimmtheit fasst Heidegger nun zusammen, indem er einen Begriff einführt, der den des Daseins sogar ersetzen kann: »Erschlossenheit«. Die Unbestimmtheit ist also eigentlich das »Sein« des Daseins: »Dasein«, so sagt Heidegger, »ist seine Erschlossenheit« (GA 2, 177/133).

Warum Heidegger diesen Ausdruck wählt, versteht man wohl am besten, wenn man berücksichtigt, dass er statt »Erschlossenheit« erläuternd auch »Aufgeschlossenheit« (GA 2, 101/75) sagen kann. »Aufgeschlossen« im Sinne der Umgangssprache ist man, wo man sich dem Neuen oder Unvertrauten gegenüber als offen erweist. Die Aufgeschlossenheit ist ein *Möglichkeitssinn* – ein Möglichkeitssinn, der sich, so wie Heidegger ihn versteht, auch dann zeigt, wenn wir uns gegen das Mögliche abschließen wollen.

Damit sind wir der terminologischen Bedeutung von »Erschlossenheit« schon recht nahegekommen. Welchen Stellenwert der Terminus bei Heidegger hat, wird vollends deutlich, wenn man beachtet, dass er in *Sein und Zeit* mit einem Hinweis auf die Aristotelische Konzeption des Nous erläutert wird (GA 2, 177/ 133). Erschlossenheit ist das unmittelbare Wissen, das Vernehmen des Möglichseins. Dieses Wissen bestimmt uns nicht, wir haben es nicht, sondern wir *sind* es. Erschlossenheit ist Sein und unmittelbares Seinsverständnis in einem.

Das bliebe eine bloße Versicherung, wenn Heidegger nicht auch zeigen könnte, worin der »Erschlossenheit« genannte Möglichkeitssinn im Einzelnen besteht. Und indem er das verdeutlicht, greift er wieder auf die bereits entwickelten drei Bestimmungen der Welt, also Bewandtnis, Bedeutsamkeit und Mitsein, zurück; er zeigt, wie der Zusammenhang der Dinge, mit denen wir umgehen können, die eigenen Möglichkeiten zu sein und unser Verhältnis zueinander jeweils in ihrer Unbestimmtheit erfahren werden.

Die drei Formen der Erschlossenheit, die Heidegger untersucht, sind »Befindlichkeit«, »Verstehen« und »Rede«. Dabei meint er mit »Befindlichkeit« in erster Linie die Weise, in der man ist, sofern man sich in Stimmungen »befindet«. In Stimmungen erfahren wir den Freiraum der Welt, sofern sie uns das, womit wir umgehen können, in seiner Offenheit für uns erfahren lassen. Besonders deutlich wird das an der Langeweile, der Heidegger in einer späteren Vorlesung eine ausführliche und eindringliche Analyse gewidmet hat (GA 29/30): Wo man sich langweilt, erfährt man das, womit man sich beschäftigen *könnte*, um so nachdrücklicher, je mehr man sich langweilt, indem man sich mit nichts beschäftigen mag. Doch auch in der so genannten »gehobenen Stimmung« ist das grundsätzlich nicht anders: Wo einem die Dinge leicht von der Hand gehen, erfährt man die Offenheit der Welt darin, dass man frei von Beschwernissen ist. Grundsätzlich erfährt man in der Stimmung, dass man in der Offenheit der Welt ist und nicht nicht in der Welt sein kann. Dafür verwendet Heidegger das schon bekannte Wort »Faktizität«.

»Verstehen« ist Möglichkeitssinn in anderer Hinsicht. Worum es dabei geht, erläutert Heidegger, indem er sich zunächst wieder an einer umgangssprachlichen Bedeutung des Ausdrucks orientiert: Etwas verstehen, das kann heißen, »sich auf etwas verstehen«, »etwas können«; was man in diesem Sinne verstanden hat, damit kann man umgehen. In der terminologischen Bedeutung von »Verstehen« ist das nun verallgemeinert und zugleich in bestimmter Weise akzentuiert: Der Akzent liegt auf dem »Können«, und dann ist »Verstehen« zunächst das unmittelbare Vernehmen, das unmittelbare Kennen der Möglichkeit und der Möglichkeiten zu sein, ohne dass diese bereits im Einzelnen erfasst und daraufhin bedacht sind, welche man ergreifen will. Für das Letztere hat Heidegger den Terminus »Auslegung« reserviert. Dem Verstehen, wie es in *Sein und Zeit* entwickelt wird, ist es wesentlich, dass die Möglichkeiten zu sein »selbst nicht thematisch erfaßt« (GA 2, 193/145) sind. Die unmittelbare Kenntnis der Möglichkeiten zu sein ist vielmehr einfach die Kenntnis dessen, dass es Möglichkeiten zu sein gibt – und zwar für einen selbst: Sie schließt also ein, dass man sich selbst immer auch im Möglichsein erfährt – man erfährt im Verstehen, dass es einem bevorsteht zu sein und dass dieses Sein radikal unbestimmt ist; man weiß unmittelbar, dass man nicht weiß, wie man sein wird. Dieses unmittelbare Wissen des bevorstehenden Seins kennzeichnet Heidegger als »Entwurf«. Verstehen ist derart immer Selbstverstehen, und zwar unmittelbares Selbstverstehen ohne jede reflexive Beziehung auf sich: Indem man die Unbestimmtheit des bevorstehenden Seins erfährt, erfährt man sich, ohne über sich nachdenken zu müssen.

Es ist vielleicht verwunderlich, dass Heidegger als dritte Form der Erschlossenheit die Rede einführt: Inwiefern die Rede ein Möglichkeitssinn ist, sieht man nicht ohne Weiteres. Doch man versteht es wohl, wenn Heidegger in den entsprechenden Passagen von *Sein und Zeit* unter Rede nicht den Vollzug jeweiligen Sprechens versteht, sondern die Gliederung der Sprache in die verschiedenen Möglichkeiten, sich anderen mitzuteilen und derart mit ihnen zu sein. Und liest man weiter, für die Rede sei das Hören »konstitutiv«, weil in ihm das »Offensein des Daseins als Mitsein für den Anderen« (GA 2, 217/163) liege, so ist klar, warum Heidegger die Rede als den Spielraum des Miteinanderseins verstehen kann. Dazu fügt es sich auch, dass er das Schweigen als »wesenhafte Möglichkeit des Redens« (GA 2, 218/164) herausstellt: Nur wer schweigt, kann anderen zuhören, und im – gemeinsamen – Schweigen kann sich ein Einverständnis und ein Verständnis für die Wesensart des anderen zeigen, das in der Mühle der Kommunikation gar nicht erst aufkommt.

Die Analyse der Erschlossenheit in ihren verschiedenen Formen spiegelt die Architektur von *Sein und Zeit* wider, indem sie einer dreifachen Gliederung unterliegt. Man sollte sich von dieser jedoch nicht dazu verführen lassen, die drei Formen der Erschlossenheit zu verselbständigen. Dass sie immer zusammengehören und nur zusammen die unmittelbare Erfahrung des eigenen Seins ausmachen, zeigt sich sofort, wenn man bedenkt, dass die Erfahrung des bevorstehenden Seins immer durch eine Stimmung gefärbt ist und so auch die Offenheit für die anderen betrifft; daran, wie man für die anderen offen ist, entscheidet sich andererseits die Einstellung zum eigenen bevorstehenden Sein. Im Dasein wird keine Form der Erschlossenheit für sich erfahren, sondern die Formen bilden in ihrer Gegliedertheit eine einheitliche Erfahrung.

Diese Erfahrung ist keineswegs immer ausdrücklich. Sofern wir »da« sind, sind wir zwar Erschlossenheit, aber nicht derart, dass wir einfach nur Erschlossenheit sind. Vielmehr tragen wir unser Sein und damit die Erschlossenheit aus, indem wir sie nicht wahrhaben wollen. Wir sind in der »Bewegtheit« des Daseins bestrebt, die Erschlossenheit zu verschließen.

Was das heißen soll, ergibt sich allein schon aus der Kennzeichnung, der zufolge die Erschlossenheit die unmittelbare Kenntnis und Gewissheit des eigenen Möglichseins, der eigenen Unbestimmtheit ist: Das Verschließen der Erschlossenheit besteht darin, möglichst bestimmt sein zu wollen – und dabei allerdings die eigene Unbestimmtheit immer nur bestätigen zu können. Zur Bezeichnung dieses Bestrebens greift Heidegger auf einen Begriff aus der Projektskizze zurück: auf den Begriff des Verfallens. Das Verfallen ist die Bewegung des Daseins von der Unbestimmtheit in die Bestimmtheit, die vor allem in der Bindung an das bereits Gesagte, das »Gerede«, vollzogen wird. Nun ist auch klar, weshalb Heidegger in der Projektskizze die Formen des Wissens von ihrer sprachlichen Artikulation unterschieden hat: Für sich genommen sind diese Formen neutral und machen einfach nur die Alltäglichkeit des Daseins aus. Doch ihre sprachliche Erläuterung und Erklärung steht tendenziell unter der Vorherrschaft des »Man«; sie untersteht oft der Tendenz, sich selbst gegenüber den anderen profilieren oder sich ihnen anpassen zu wollen; man sagt ihnen, wie man zu ihnen steht. Und dann ist es nur noch ein Schritt dazu, dass Profilierung und Anpassung wichtiger werden als das, was man tut und tun kann. Dann ist man dem »Gerede« verfallen.

Gemäß der Konzeption von *Sein und Zeit* kann es nun nicht mehr die Philosophie sein, die aus dem Schattenreich des Gesagten dadurch herausführt, dass sie das Bestimmte als Erscheinung des Unbestimmten, das bereits Gesagte – und Geschriebene –, an das man sich hält, als Widerschein der ursprünglichen Erfahrung von Offenheit durchsichtig macht. Das Wiedererschließen des Möglichseins in seiner Offenheit und Unbestimmtheit ist nun nicht mehr die Wiederholung eines ursprünglichen Fragens; vielmehr soll die Fundamentalanalyse des Daseins die Möglichkeit eines solchen philosophischen Fragens erst einsichtig machen, indem sie die Rückkehr des Daseins in seine Offenheit als eine vorphilosophische Erfahrung aufzeigt. Das ist die Erfahrung der »Entschlossenheit«, worunter man sich keinen Akt der Willensanstrengung vorstellen darf. Der Terminus »Entschlossenheit« ist vielmehr als Negation der »Verschlossenheit« des Verfallens zu verstehen. »Entschlossenheit« ist die Wiederholung, das Wiederzurückholen der »Erschlossenheit«.

Die Entschlossenheit wird gemäß der Architektur von *Sein und Zeit* auch wieder in dreifacher Gliederung herausgearbeitet. Es ist, wie Heidegger zeigen will, eine besondere Stimmung, ein besonderes Verstehen und eine besondere Ausprägung der Rede, was die Entschlossenheit im Ganzen ausmacht; dabei handelt es sich um die Stimmung der Angst, das »vorlaufende« Verstehen des Todes und den im Schweigen ergehenden »Ruf« des Gewissens.

Mehr als alles andere aus *Sein und Zeit* haben die Analysen von Angst, Vorlaufen zum Tode und Gewissen die Aufmerksamkeit von Heideggers Lesern auf sich gezogen; sie haben den Interpreten Kopfzerbrechen bereitet und die Kritiker zu ihren schärfsten Urteilen bis hin zur Polemik motiviert. Das ist verständlich, denn mit diesen Analysen steht und fällt das ganze Programm der Fundamentalanalyse des Daseins, weil Heidegger hier seine These von einem »vorontologischen Seinsverständnis« im Dasein einzulösen verspricht. Was von dieser Einlösung zu erwarten ist, bedarf keiner ausführlichen Erklärungen mehr: Angst, Vorlaufen zum Tode und Gewissensruf müssen radikale Erfahrungen des Möglichseins, der Offenheit und Unbestimmtheit des Daseins sein, derart, dass sie das Verfallen in die Bestimmtheit, die »Uneigentlichkeit«, unterbrechen können.

Im Hinblick auf die Angst dürfte es nicht allzu schwierig zu verstehen sein, dass sie eine Erfahrung dieser Art ist. Angst ist eine Möglichkeitserfahrung; das hat schon Kierkegaard in seiner Schrift *Der Begriff der Angst* betont, der Heidegger viel verdankt. Wer sich ängstigt, kann nicht sagen, dass ihn etwas Bestimmtes bedroht. Höhenangst etwa ist nicht dadurch zu beseitigen, dass man sich sagt, man könne, so sicher, wie man am Rande des Abgrundes steht, gar nicht in die Tiefe stürzen; die reine Möglichkeit des Sturzes drängt sich dennoch auf, und zwar so, dass sie zugleich lähmt: Man ist unfähig, das Nächstliegende zu tun und weiterzugehen, wodurch man sich dem Eindruck der schwindelerregenden Tiefe entziehen würde. Vor allem diese Unfähigkeit zum Handeln ist für Heideggers Analyse von Bedeutung: Die Welt und das in ihr, womit wir umgehen können, ist *offen*, und das sieht man genau; man sieht, dass man sich so und so verhalten könnte – und ist doch unfähig, es zu tun. In der Angst wird die Offenheit der Welt dadurch erfahren, dass man keine Möglichkeit, in ihr zu sein, ergreifen kann.

Mit der Analyse des »Vorlaufens zum Tode«, wie Heidegger sie entwickelt, ist es so einfach nicht, und Heidegger hat das selbst mit der außergewöhnlichen Verwickeltheit seiner einschlägigen Überlegungen dokumentiert. Dabei ist leicht zu sehen, wie Heidegger auf den Gedanken kommt, die ausdrückliche und radikale Erfahrung des eigenen bevorstehenden Seins, die ausdrückliche und radikale Erfahrung der Erschlossenheit in der Form des Verstehens also, habe mit der Gewissheit des eigenen Todes zu tun: Radikal zeigt sich die Unbestimmtheit des eigenen bevorstehenden Seins mit der Frage, ob man überhaupt noch sein wird; und diese radikale Unbestimmtheit lässt sich nicht auf den Zustand eines vorgestellten hohen oder höheren Alters verschieben, sondern besteht in jedem Moment des Lebens. Worauf es Heidegger bei der Analyse des »Vorlaufens zum Tode« ankommt, ist die radikale Ungewissheit des Todes bei aller Gewissheit: Wir wissen, dass wir sterben müssen, aber nicht, wann.

Dass Heideggers Interesse an der Todesproblematik hier seine Wurzel hat, lässt bereits das Motto zur Vorlesung aus dem Wintersemester 1921/22 erkennen – die »dankbare Anzeige der Quelle«. Hier findet sich neben der Bezugnahme auf Kierkegaard ein Satz aus Luthers Exegese zum ersten Buch Mose: »statim enim ab utero matris mori incipimus«[15] (GA 61, 182). Es lässt sich nicht bestreiten: Wir wissen, dass es so ist. Aber wie wir das im Hinblick auf unser eigenes Dasein erfahren, ist weniger klar. Was wir vom Tod wissen, wissen wir durch den Tod anderer, und dieses Wissen soll, wenn man Heidegger folgt, für das »Vorlaufen zum Tode« gerade nicht wesentlich, ja, noch nicht einmal von Belang sein. Der Tod, wie er gemäß den Heideggerschen Analysen zu erfahren ist, ist vielmehr reine Möglichkeit und sonst nichts. Da wir jedoch vom Tod immer nur durch den Tod anderer wissen, ist nicht zu erkennen, wie die *eigene* Erfahrung reinen Möglichseins noch als »Vorlaufen zum Tode« bestimmt werden soll. Angesichts dessen könnte man höchstens sagen, dass die Erfahrung des Todes anderer uns mit radikaler Möglichkeit und Unbestimmtheit konfrontiert, weil sich diese Erfahrung auf uns selbst nicht übertragen und auch durch keine Vorstellung einholen lässt. An dergleichen hat Heidegger wohl auch gedacht, aber dann ist das »Vorlaufen zum Tode« in Wahrheit das »Vorlaufen« in die Unbestimmtheit des bevorstehenden Seins, wobei diese Erfahrung in akut gefährlichen Situationen ins Extrem gesteigert sein kann. Die Erfahrung, auf die es Heidegger ankommt, wird immer dann gemacht, wenn das Bevorstehende sich der Vorstellung in besonderem Maße entzieht. Man versteht dann das eigene bevorstehende Sein in seiner Unbestimmtheit, und man versteht, dass jedes bestimmte Projekt, jeder bestimmte Plan und jede Vorstellung immer nur eine Antwort auf diese Unbestimmtheit sein kann.

Die immanenten Schwierigkeiten der Todesanalyse zeigen sich nicht zuletzt daran, dass Heidegger eine Einlösung dessen, was sie leisten soll, auf die Analyse des Gewissens verschiebt. Wie Kierkegaard im Hinblick auf die Angst und Luther im Hinblick auf Tod und Sterblichkeit, so ist Aristoteles für Heidegger im Hinblick auf die Analyse des Gewissens eine, vielleicht sogar die entscheidende Quelle gewesen. Quelle war genauer gesagt die Bemerkung in der *Nikomachischen Ethik*, der zufolge es von der Phronesis kein Vergessen gibt (EN 1140b 29f.). Anders als der beliebige Vollzug einer Handlung lässt sich die Phronesis nicht vergessen, weil in ihr die Unumgänglichkeit des Handelns überhaupt gegenwärtig ist.

Erinnert man sich daran, dass das Gewissen der Erschlossenheitsform der Rede zugeordnet ist, so leuchtet seine zentrale Rolle im Zusammenhang der Entschlossenheit sofort ein: Die Verschlossenheit des Verfallens besteht darin, sich im »Gerede« einer

Bestimmtheit versichern zu wollen, die die Unbestimmtheit des Daseins vergessen machen soll. Und wenn es von dieser Unbestimmtheit kein Vergessen gibt, so muss ihre »Unvergessenheit« auch primär in der Rede zum Tragen kommen. Zur Rede aber gehört als eine ihrer wesentlichen Ausprägungen das Schweigen. Das Schweigen wiederum kann derart sein, dass in ihm die gängigen Erklärungen und Beschwichtigungen, die Versuche, sich einander zu vergleichen und so die Einzelheit und Einzigkeit jedes Menschen zu überspielen, zum Stocken kommen; der »Ruf des Gewissens« ist eine Zäsur im Gerede.

Betrachtet man nun die drei skizzierten Formen der Entschlossenheit zusammen, so kann man sagen: Entschlossenheit ist durch die Angst gestimmtes und durch den Gewissensruf vom Gerede frei gewordenes Verstehen. Es ist ein Verstehen, bei dem jedes Vorhaben, im Zusammenhang der Welt in bestimmter Weise zu sein, als Antwort auf das eigene bevorstehende Sein in seiner Unbestimmtheit gesehen und in der Sicht gehalten wird. Die Nähe dieses Gedankens zur Bestimmung der Phronesis bei Aristoteles ist offensichtlich. Nur ist es jetzt nicht mehr die Führung des Lebens im Ganzen, worauf hin das jeweilige Handeln durchsichtig ist, sondern das eigene Sein in seiner Unbestimmtheit: Im »eigentlichen« Verstehen sind nicht mehr, wie in der Aristotelischen Konzeption, einzelne Überlegungen und Entscheidungen auf die Wirklichkeit des Lebens bezogen, vielmehr tritt das Handeln, jedes bestimmte Verhalten überhaupt, in seiner Eingelassenheit in die Offenheit des Daseins hervor. Das Bestimmte gehört in die Offenheit des Möglichen und darin Unbestimmten. Das Bestimmte ist überhaupt nur im Spielraum des Unbestimmten; diesem verdankt es, dass es sich zeigen kann, und wo es sich zeigt, bestätigt es die Offenheit des Spielraums. Das Bestimmte ist eine Erscheinung des Unbestimmten, das Unbestimmte ist das *Sein* des Bestimmten. »Sein« – das bedeutet bei Heidegger immer die

Unbestimmtheit des Offenen. Bestimmtes und Unbestimmtes sind different, indem das Bestimmte in das Unbestimmte gehört und sich von ihm doch unterscheidet. Der Austrag dieser Zusammengehörigkeit und Unterschiedenheit macht sowohl im Verfallen wie in der Entschlossenheit das Dasein in seiner Bewegtheit aus; doch nur in der Entschlossenheit ist dieser Austrag ein *ausdrückliches* Verstehen des eigenen Seins.

Mit seiner Konzeption des Seins und Seinsverstehens nimmt Heidegger eine entscheidende Akzentverschiebung gegenüber der Aristotelischen Ontologie vor. Er kehrt das Verhältnis von Möglichkeit und Wirklichkeit, von Unbestimmtheit und Bestimmtheit um und erkennt nun der Möglichkeit und Unbestimmtheit den höheren Rang zu. Derart macht Heidegger sich durch das zentrale Ergebnis seiner »Fundamentalanalyse des Daseins« den Weg frei für eine Destruktion nicht nur des Aristoteles, sondern der gesamten Tradition, wo sie durch die umgekehrte Rangordnung von Möglichkeit und Wirklichkeit bestimmt ist – und das ist für Heidegger dann später die gesamte Tradition von Platon bis Nietzsche und bis zur wissenschaftlich-technischen Einrichtung der Welt. Diese Tradition heißt dann später für ihn »Metaphysik«, und zwar seit seinen *Beiträgen zur Philosophie* (1936–1938) und den ihre Niederschrift begleitenden Vorlesungen. Doch so weit sind wir noch nicht; die Konzeption, wie Heidegger sie in den 1930er Jahren entwickelt, hat ihren Ursprung in der »Verunglückung« des Projektes über *Sein und Zeit*. Und um diese zu verstehen, muss man das Projekt als Ganzes verstanden haben.

Zeit: Zeitlichkeit und Temporalität

Dass die »Fundamentalanalyse des Daseins« vom Gedanken der zeitlichen Verfasstheit des Daseins lebt, wird an Heideggers Bestimmung des Verstehens besonders deutlich: Wenn Verstehen das unmittelbare Vernehmen des in seiner Unbestimmtheit *bevorstehenden* Seins ist, so zeigt sich unmittelbar seine Zukünftigkeit. Aber auch der zeitliche Charakter der Befindlichkeit ist nicht viel schwerer zu sehen: Zwar ist man immer gegenwärtig in einer Stimmung, doch wenn in der Stimmung die Offenheit der Welt erfahren wird, dann zeigt sich dabei der Freiraum des Verhaltens, in dem wir schon »gewesen« sind. Im Anschluss an diese Formulierung versteht man auch, weshalb Heidegger statt von »Vergangenheit« von »Gewesenheit« spricht: »Gewesenheit« betrifft das Dasein, während »Vergangenheit« die Zeitform früherer Ereignisse ist, die isoliert in den Blick kommen. Wir sind im jeweiligen Handeln immer auch, was wir »gewesen« sind, und »gewesen« sind wir vor allem im Möglichkeitsraum der Welt.

Etwas schwieriger ist es, den zeitlichen Charakter der Rede zu fassen, denn die Rede scheint einerseits die Zukünftigkeit des Verstehens zu teilen, sofern sie als Offenheit für die anderen und so als die Möglichkeit unseres Verhältnisses zueinander bestimmt wird; andererseits sind durch die Rede aber auch die Möglichkeiten unseres Verhältnisses zueinander vorgegeben. Die Rede ist ein Möglichkeitsraum und gibt derart Möglichkeiten vor, ausdrücklich miteinander zu sein. Möglichkeiten, die dann in bestimmten Mitteilungen oder »Sprechakten« wie Versprechen, Bitte, Befehl, Wunsch oder Aussage realisiert werden.

Doch die Rede hat wesentlich die Eigenart, alles, indem es beredet wird, *gegenwärtig* werden zu lassen, und so ist es nicht ganz unplausibel, wenn Heidegger von der Rede sagt, das »Gegenwärtige« habe in ihr »eine *bevorzugte* konstitutive Funktion« (GA 2, 462/349). Ganz befriedigen kann das allerdings nicht; die Festlegung der Rede auf die Gegenwart wirkt erzwungen. Wie wenig sie Heidegger selbst zufriedengestellt hat, zeigt, dass er nach *Sein und Zeit* zu einer neuen Konzeption von Sprache und Rede ansetzt.

Hebt man den zeitlichen Charakter der drei Formen der Erschlossenheit hervor, so wird erneut klar, wie wenig sie einzeln zu betrachten sind: Zukunft, Gewesenheit und Gegenwart gehören wesentlich zusammen; erst ihr Zusammenspiel macht aus, was wir »Zeiterfahrung« nennen. Dieses Zusammenspiel wiederum kann das Zusammenspiel der drei Formen der Erschlossenheit einsichtig machen: Das in seiner Unbestimmtheit verstandene bevorstehende Sein stellt vor die Frage, wie man sein will, und diese Frage ist nur in der Offenheit der Welt, in der man schon gewesen ist, durch gegenwärtiges Handeln miteinander zu beantworten.

Die drei Formen der Zeit – Zukunft, Gewesenheit und Gegenwart – gehören also zusammen: Man hält sich in keiner von ihnen, ohne auch auf die anderen verwiesen zu werden. Dabei schließen die drei Formen der Zeit einander strikt aus, jede von ihnen ist von den anderen radikal unterschieden, und keine von ihnen geht in die anderen über. Dieses unvermittelte Zusammengehören der Zeitformen will Heidegger fassen, indem er sie als »Ekstasen« bezeichnet. Das ist ein Begriff, den Heidegger wohl im Anschluss an eine Bemerkung des Aristoteles in der *Physik* gebildet hat. Jede unmittelbare Veränderung (metabolé), so heißt es bei Aristoteles, habe den Charakter eines »ekstatikón« (Physik, 222b 16); »ekstatikós« heißt, sich von etwas trennen können, über sich hinausgehen können, und das lässt sich von den Formen der Zeit in der Tat sagen – jede von ihnen ist nur derart, dass sie zugleich auch über sich hinaus ist, dass sie in die anderen Formen der Zeit »umschlägt«; keine ist ohne die anderen.

Genau genommen kann man von den Formen der Zeit allerdings nicht sagen, dass sie »sind«: Wenn alles, was ist, in der Zeit ist, dann ist die Zeit selbst nicht. Schon Aristoteles hatte in seiner der Zeit gewidmeten Abhandlung im vierten Buch der *Physik* die Frage erörtert, ob die Zeit zum Seienden gehört oder nicht, und er war zu dem Ergebnis gekommen, sie sei eher nicht, weil weder

der Vergangenheit noch der Zukunft ein Sein zugesprochen werden könne (Physik, 217b 30-218a 3). Dem kann Heidegger im Ergebnis folgen, jedoch nicht in der Begründung: Für ihn ist die Zeit deshalb nicht, weil Sein – Dasein – nur zeitlich verstanden werden kann. Wir sind nicht und erfahren dabei auch noch Zeit, sondern wir sind zeitlich. Das nötigt dazu, die Bedeutung des Begriffs »Dasein«, wie sie in der früheren Vorlesung erläutert wurde, zu modifizieren: Genauer betrachtet ist das »Da« unseres Seins keine »Präsenz«, sondern wir sind »da«, indem wir zukünftig, gewesen und gegenwärtig sind.

Eine Bestimmung des Verhältnisses von Dasein und Zeitlichkeit gibt Heidegger bereits im Aufriss seiner Abhandlung, wenn er deren ersten Teil als »Interpretation des Daseins auf die Zeitlichkeit« bezeichnet. Das bezieht sich auf die ersten beiden Abschnitte, während »die Explikation der Zeit als des transzendentalen Horizontes der Frage nach dem Sein« dem dritten Abschnitt »Zeit und Sein« vorbehalten sein sollte. Wie die Gliederung des ersten Teils aber auch zeigt, gehört die Erörterung der Zeitlichkeit nicht mehr zur »vorbereitenden Fundamentalanalyse des Daseins«, sondern ihr ist ein eigener Abschnitt gewidmet, in dem die »Interpretation des Daseins auf die Zeitlichkeit« erst wirklich zum Tragen kommt.

Eine »Interpretation« ist mehr als der ausdrückliche und ins Einzelne gehende Nachvollzug eines Textes; wer einen Text interpretiert, sagt immer auch mehr und anderes als dieser. Versteht man die Interpretation des Daseins in diesem Sinne, so ist klar, dass die Erörterung des Verhältnisses von »Dasein und Zeitlichkeit« endgültig nicht mehr dem Seinsverständnis folgt, wie es für das Dasein in seiner Alltäglichkeit, für das vorphilosophische oder »vorontologische« Dasein charakteristisch ist. Zwar ist auch die »Fundamentalanalyse« des Daseins bereits philosophisch, aber sie will doch nur Strukturen ausdrücklich machen, von denen man gemäß der Konzeption von *Sein und Zeit* auch vorphilosophisch weiß; anders bliebe alles unverständlich, was Heidegger über die Entschlossenheit sagt. Demgegenüber hat die Interpretation des Daseins auf die Zeitlichkeit den Charakter einer Klärung, die im alltäglichen Seinsverständnis nicht per se nachzuvollziehen ist.

Das kann nicht daran liegen, dass die Zeitlichkeit im alltäglichen Dasein völlig unzugänglich wäre. Wenn Heidegger von einer »Interpretation« des Daseins auf die Zeitlichkeit spricht, will er nur auf die Verschiedenheit einer vorphilosophischen Zeiterfahrung von ihrem philosophischen Begreifen aufmerksam machen. Und er will darauf hinweisen, dass die Zeit im philosophischen Begreifen nicht mehr in derselben Weise erfahren wird wie im vorphilosophischen Dasein.

Um das verständlich zu machen, setzt man am besten noch einmal bei der Zukünftigkeit des Verstehens an: Vom Verstehen ist gesagt worden, es sei das unmittelbare Wissen, das unmittelbare Vernehmen sowohl der Möglichkeiten zu sein als auch des eigenen Möglichseins. Dieses Vernehmen ist die Bedingung dafür, dass dann eine dieser Möglichkeiten als bestimmte erfasst und als Antwort auf die Frage, wie man sein will, ergriffen wird; Heidegger nennt das die »Auslegung« des Verstehens. Auch in der Auslegung zeigt sich die Zukünftigkeit des Daseins: Wo wir eine bestimmte Möglichkeit zu sein ergreifen, entscheiden wir uns für eine bestimmte Zukunft, sei es in der Form eines Entschlusses, der dann das Handeln leitet, sei es auch nur in der Form einer Vorstellung davon, wie wir gerne sein möchten, ohne uns selbst an die Realisierung der vorgestellten Möglichkeit zu machen oder machen zu können. Die Zukunft ist also einerseits unbestimmt und andererseits bestimmt. Dass dabei der unbestimmten Zukunft ein Vorrang zukommt, dürfte unmittelbar einleuchten: Wäre die Zukunft nicht unbestimmt, brauchten wir uns nicht zu überlegen, wie wir sein wollen.

Doch bestimmte und unbestimmte Zukunft stehen auch noch in einem anderen Verhältnis zueinander, und das hat seinen Grund darin, dass im alltäglichen Dasein die unbestimmte Zukunft als die Zeitlichkeit unseres bevorstehenden Seins immer als eine Frage erscheint, die wir zu *beantworten* haben. Die unbestimmte Zukunft ist also nicht nur die Bedingung der bestimmten, sondern alltäglich ist sie in ihrer Fraglichkeit auch auf die Antwort durch das Ergreifen einer bestimmten Möglichkeit angelegt.

Im alltäglichen Dasein geht es nicht nur unter anderem, sondern wesentlich um dieses Zusammenspiel von Frage und Antwort. Man darf nicht vergessen: Die Analyse des alltäglichen Daseins ist bei Heidegger aus der Aristotelischen Analyse der Phronesis entwickelt worden, und Phronesis war die Form des Wissens, die im Handeln selbst wirksam ist. Wie sehr sich Heideggers Konzeption des alltäglichen Daseins auch von der Aristotelischen Konzeption der Phronesis unterscheidet – diese Charakterisierung ist doch geblieben.

Die – primäre – unbestimmte Zukunft wird alltäglich also immer nur im Verhältnis zur – sekundären – bestimmten Zukunft erfahren. Das macht die spezifische Blickrichtung des alltäglichen Daseins im Hinblick auf die Zukunft aus, und im Hinblick auf die beiden anderen Ekstasen der Zeitlichkeit verhält es sich nicht anders: Die Gewesenheit in der Welt erscheint immer im Verhältnis zu einer bestimmten Möglichkeit des Verhaltens, die aus der Zukunft des bevorstehenden Seins in der Welt ergriffen wird; sie ist der Möglichkeitsraum *für* dieses Verhalten. Die Rede schließlich ist die Möglichkeit sprachlicher Vergegenwärtigung; sofern das Miteinandersein, das in der Rede eröffnet ist, seinen Sinn immer in solcher Vergegenwärtigung hat, ist klar, dass die Rede auf den bestimmten Vollzug angelegt ist.

In diesem Spiel von Bestimmtheit und Unbestimmtheit kommt der Rede ein besonderer Stellenwert zu: Für den Redenden besteht die Möglichkeit einer scheinbar unbegrenzten Vergegenwärtigung; in der Rede liegt deshalb auch die Bedingung dafür, alles nur noch im Modus der Bestimmtheit sehen zu können. Die Rede ist das Medium des Verfallens. Die Befreiung aus dem Verfallen aber beseitigt die Bestimmtheit nicht; in der Entschlossenheit wird das Bestimmte im Dasein vielmehr nur in die Unbestimmtheit zurückgestellt. Weil die Unbestimmtheit auch hier nur zusammen mit der durch sie relativierten Bestimmtheit in den Blick kommt, bestätigt die Entschlossenheit gerade die eigentümliche Blickrichtung des alltäglichen, vorphilosophischen Daseins. Der Orientierungspunkt für die Erfahrung der Unbestimmtheit bleibt auch hier die Bestimmtheit.

Wenn das die eigentümliche Blickrichtung des alltäglichen Daseins ist, so kann man vermuten, dass die – philosophische – Interpretation des Daseins auf die Zeitlichkeit hin ihr nicht mehr unterliegt. Vielleicht zögert man im ersten Moment, dem zu folgen, und zwar dann, wenn man an die Genese der Heideggerschen Konzeption von Eigentlichkeit und Uneigentlichkeit aus der Konzeption des Verhältnisses von Philosophie und Überlieferung denkt: Es scheint dann gerade auch für die Philosophie zuzutreffen, dass sie die Offenheit ihres Fragens und Denkens nicht finden kann, ohne zugleich an die überlieferten Begriffe und Denkweisen in ihrer Bestimmtheit gebunden zu bleiben. Durch die Offenheit des an den Anfang zurückfragenden Denkens erhalten die überlieferten Begriffe und Denkweisen schließlich erst ihren Sinn, sofern sie in den ihnen eigentlich zugehörigen Zusammenhang gestellt werden.

Doch man darf nicht vergessen, dass sich die Konzeption Heideggers in einem wesentlichen Punkt geändert hat: Es geht nicht mehr darum, an den Anfang der Geschichte zurückzufragen, sondern an den Anfang, der das alltägliche Dasein ist. Laut Heidegger entspringt die Philosophie aus dem alltäglichen Dasein (GA

2, 51/38). Doch sobald sie einmal entsprungen ist, bleibt sie von ihrem Ursprung dadurch radikal getrennt, dass sie wesentlich nicht der Handlungsperspektive des alltäglichen Daseins unterliegt, sondern diese in ihrer Bewegtheit begreift. Philosophie ist zwar auch ein Verhalten im Dasein; in der Philosophie geht es zwar für den, der sie betreibt, auch darum, eine bestimmte Antwort auf die Frage zu geben, wie er sein will. Aber die Philosophie erschöpft sich darin nicht: Wesentlich ist philosophisches Begreifen kein alltägliches Handeln. In der Interpretation des Daseins auf die Zeitlichkeit hin geht die Philosophie über das alltägliche Dasein und seine eigentümliche Blickrichtung hinaus, und sie muss darüber hinausgehen, wenn sie die »Geschichte der Ontologie« phänomenologisch destruieren will. *Sein und Zeit* will mehr sein als eine praktische Philosophie im Sinne der *Nikomachischen Ethik*; Heidegger muss, um den zweiten Teil von *Sein und Zeit* durchführen zu können, die philosophische Konzeption der Zeitlichkeit so modifizieren, dass in ihr auch die traditionellen Ontologien begriffen werden können: Ontologie aber gehört nicht mehr in die Handlungsperspektive des alltäglichen Daseins. In der Philosophie, man erinnert sich vielleicht an den Schluss von *Sein und Zeit*, geht es letztlich nicht um das Dasein, sondern um das »Sein überhaupt«.

Indem man sich auf die Frage nach der eigentümlich philosophischen Konzeption der Zeit einlässt, begibt man sich auf unübersichtliches Gelände; man verlässt den ausgeführten Bau der ersten beiden Abschnitte des Projektes über *Sein und Zeit* und wendet sich den unausgeführt gebliebenen Teilen des von Heidegger geplanten Gebäudes zu. Das kann man natürlich nur, weil man kein freies, unbebautes Feld, sondern eine Bauruine betritt, die es erlaubt, ein Bild des geplanten Ganzen zu rekonstruieren und dabei auch zu verstehen, warum der Bau nicht ausführbar gewesen ist.

Die Ruine, die es zu betrachten gilt, ist die Ruine des für den Gesamtbau von *Sein und Zeit* geplanten Flügels der Philosophie. Um den Plan der Ausführung zu verstehen, verfährt man am besten so, dass man die wenigen errichteten Säulen und Wände mit den Säulen und Wänden des ausgeführten Teiles vergleicht und mit der Ähnlichkeit auch die Verschiedenheit der beiden Flügel des Gebäudes erahnen kann. Um zu verdeutlichen, wie die Zeit in der Philosophie verstanden werden soll, ist es also hilfreich, noch einmal die Frage aufzunehmen, wie sie im alltäglichen Dasein verstanden wird. Heideggers Antwort auf diese Frage liegt vor, und sie ist bei aller Schwierigkeit nachvollziehbar.

Als Erstes hat man noch einmal die drei »Ekstasen« der Zeitlichkeit zu betrachten. »Ekstasen« sind die Formen der Zeit darin, dass sie unmittelbar ineinander umschlagen, darin also, dass die Zukunft als solche auf die Gewesenheit verweist und diese auf die Gegenwart.

Sollte man nun sagen, was die drei Ekstasen der Zeitlichkeit selbst sind, so würde man wohl auf die drei Formen der Erschlossenheit rekurrieren: Aus der Blickrichtung des alltäglichen Daseins versteht man die Zukunft gewiss am besten, wenn man sie als »die Zeit des unbestimmten bevorstehenden Seins« bezeichnet. Man versteht sie sehr viel besser, als wenn man sie etwa »die Zeit der noch kommenden Jahre« nennt; dann orientiert man sich an der Zeitrechnung und gibt dem, was unbestimmt ist, also der Zukunft, den Charakter eines quantitativ Bestimmten. Die Zeitrechnung, so zeigt Heidegger in *Sein und Zeit*, ist bereits eine bestimmte Artikulation der Zeitlichkeit des Daseins und setzt diese voraus. Wo man die Zukunft als die Zeit des unbestimmten bevorstehenden Seins versteht, ist man in solchen bestimmten Artikulationen nicht mehr befangen. Die Antwort, der zufolge die Zukunft die Zeit des unbestimmten und bevorstehenden Seins ist, dokumentiert bereits einen hohen Grad von Durchsichtigkeit im alltäglichen Dasein.

Trotzdem ist diese Antwort noch ganz durch die Blickrichtung des alltäglichen Daseins geprägt, und das will Heidegger hervorheben, wenn er von den »horizontalen Schemata« der Ekstasen spricht: Was man im alltäglichen Dasein unter Zeitlichkeit verstehen kann, ist durch das Dasein in seinen Aspekten begrenzt; deshalb heißen die Schemata »horizontal«. Und »Schemata« heißen die Grenzen des Zeitlichkeitsverständnisses, weil mit ihnen ein bestimmter »Anblick« der Zeitlichkeit gegeben ist. Den Begriff des »Schemas« hat Heidegger aus Kants *Kritik der reinen Vernunft* übernommen: »Schematisch« wird bei Kant die Weise genannt, in der wir uns reine Verstandesbegriffe veranschaulichen.[16]

Mit dem Gedanken von den horizontalen Schemata der Zeitlichkeit ist die Voraussetzung dafür gewonnen, den Gedanken einer Zeit der Philosophie plausibel zu machen: Wenn die Philosophie sich in ihrem Zeitverständnis vom alltäglichen Dasein unterscheiden soll, so darf sie nicht den horizontalen Schemata dieses Zeitlichkeitsverständnisses unterliegen. Das wiederum kann zweierlei heißen: Entweder darf das Zeitverständnis der Philosophie überhaupt nicht schematisch sein, oder die Schemata des philosophischen Zeitverständnisses müssen andere sein als die des alltäglichen Daseins.

Für welche dieser beiden Alternativen Heidegger sich entschieden hat, geht unvollständig schon aus der Überschrift des ersten Teiles von *Sein und Zeit* hervor: »Die Interpretation des Daseins auf die Zeitlichkeit und die Explikation der Zeit als des transzendentalen Horizontes der Frage nach dem Sein«. Hier erfährt man, dass »die Zeit« als »transzendentaler Horizont« der philosophischen »Frage nach dem Sein« gefasst werden soll, aber von einem schematischen Charakter dieses Horizontes ist nicht die Rede.

Antwort auf die Frage nach dem schematischen Charakter des Horizontes der philosophischen Zeit gibt die im Sommersemester 1927, also unmittelbar nach dem Erscheinen von *Sein und Zeit*, gehaltene Vorlesung *Die Grundprobleme der Phänomenologie*. Heidegger selbst hat diese Vorlesung – wahrscheinlich später – als »Neue Ausarbeitung des 3. Abschnittes des I. Teiles von ›*Sein und Zeit*‹« (GA 24, 1) bezeichnet, und auch in seinem Handexemplar von *Sein und Zeit* verweist er auf sie, um anzuzeigen, wo er die »Explikation der Zeit als des transzendentalen Horizontes der Frage nach dem Sein« aufgenommen hat. Die Vorlesung über die Grundprobleme der Phänomenologie bringt den Gedankengang, der im dritten Abschnitt des ersten Teiles von *Sein und Zeit* hätte entwickelt werden sollen, zwar nicht zum Abschluss. Doch sie macht immerhin deutlich, dass Heidegger den Übergang von der Analyse des alltäglichen Daseins zur Erörterung der Philosophie durch eine Revision des zeitlichen Schematismus gewinnen wollte. Das führt zur Konzeption der Temporalität.

Temporalität, wir erinnern uns, ist Heideggers Name für die Zeitlichkeit, sofern sie die Zeit der Philosophie ist. Die Philosophie wiederum »interpretiert« das Seinsverständnis des alltäglichen Daseins »auf die Zeitlichkeit hin«, und insofern muss die Zeitlichkeit in ihr derart erfahren werden, dass sie einerseits als die Zeitlichkeit des alltäglichen Daseins noch erkennbar ist und sich andererseits von dieser unterscheidet. Beidem will Heidegger gerecht werden, indem er horizontale Schemata entwickelt, von denen die des alltäglichen Daseins nur mehr besondere Ausprägungen sind.

Durchgeführt ist das in der Vorlesung allein im Hinblick auf das horizontale Schema der Gegenwart, und zwar mit einem Gedanken, der an die Bestimmung des Daseins in der Ontologie-Vorlesung erinnert. Alles, was gegenwärtig begegnet, untersteht, wie Heidegger zeigen will, dem horizontalen Schema der »Praesenz«, wobei »Praesenz« sowohl »Anwesenheit« als auch »Abwesenheit« umgreift. Von der Sache her ist das einleuchtend: »Abwesenheit« heißt nicht einfach, dass etwas weg ist, sondern Abwesenheit ist ein besonderer Modus von etwas, entdeckt zu sein. Wo zu einer bestimmten Tätigkeit etwa ein Handwerkszeug fehlt, ist dieses gerade in seinem Fehlen »präsent«; es ist nicht gegenwärtig, nicht präsent, und gerade darin, wie paradox es auch klingen mag, gegenwärtig – »präsent«. So gesehen durchzieht das Verständnis von Praesenz auch die Gegenwart des alltäglichen Daseins: Das bestimmte, sich überlegend artikulierende Handeln im Miteinandersein bildet zwar im alltäglichen Dasein das Schema zum Verständnis der Gegenwart; doch genauer betrachtet, ist es eben nur eine eigentümliche Ausprägung der Praesenz.

Eine andere Ausprägung der Praesenz ist die überlieferte Ontologie. Um das zu zeigen, plädiert Heidegger in der Grundprobleme-Vorlesung dafür, das zentrale Wort der Aristotelischen Ontologie, »ousía«, mit »Anwesenheit« wiederzugeben: »ousía bedeutet noch zu Zeiten des Aristoteles in der alltäglich-vorphilosophischen Bedeutung so viel wie das Anwesen, als philosophischer Terminus aber Anwesenheit«. Und Heidegger fährt fort:

> »Allerdings hatten die Griechen ebenso wenig wie Kant das geringste Wissen davon, daß sie das Sein [...] aus der Zeit interpretierten und aus welchem ursprünglichen Zusammenhang heraus sie diese Interpretation des Seins vollzogen. Sie folgten vielmehr dem unmittelbaren Zuge des existierenden Daseins, das gemäß seiner alltäglichen Seinsart [...] das Sein des Seienden unausdrücklich temporal versteht. Der Hinweis darauf, daß die Griechen das Sein aus der Gegenwart, d.h. aus der Praesenz verstanden, ist eine nicht zu überschätzende Bewährung für unsere Interpretation der Möglichkeit des Seinsverständnisses aus der Zeit, nicht jedoch eine Begründung.« (GA 24, 449)

Die Übersetzung von »ousía« mit »Anwesenheit« ist ein Hinweis auf die Intuition, die dem Destruktionsprogramm von *Sein und Zeit* zugrunde lag. Man kann die Frage offenlassen, ob diese Übersetzung gerechtfertigt ist oder nicht. Denn entscheidend ist, dass sich aus dem Begriff des Aristoteles sehr wohl ein Hinweis auf »Präsenz« herauslesen lässt, nicht aber ein Hinweis auf »die Zeit« im Sinne der dreifach gegliederten Zeitlichkeit. Heidegger hatte bereits in seiner Projektskizze behauptet, der Aristotelische Begriff des Seins sei »im Gegenzug« zu seiner Analyse der Phronesis entwickelt. Doch selbst wenn das stimmt, reicht es nicht aus, um als Ursprung der Aristotelischen Konzeption des Seienden das Dasein geltend zu machen. Dazu hätte Heidegger zeigen müssen, dass die Zeitlichkeit in ihrer vollen Struktur den »Horizont« der Aristotelischen Konzeption des Seienden bildet.

Nach Hinweisen auf zur Gegenwart analoge Schemata für die Gewesenheit und die Zukunft sucht man in der Grundprobleme-Vorlesung jedoch vergebens. Das kann kein Zufall sein, wenn man bedenkt, dass hier nicht weniger als die Durchführung des Programms von *Sein und Zeit* auf dem Spiel stand. Allem Anschein nach ist der Gedanke der Praesenz dazu geeignet, den Ansatz der dreifach gegliederten Zeitlichkeit ernsthaft zu gefährden.

Warum das der Fall sein könnte und, um das Ergebnis vorwegzunehmen, auch der Fall ist, kann man sich am besten klarmachen, indem man zuerst zu begreifen versucht, was Heidegger überhaupt bewogen haben mag, die Frage nach der Temporalität ausgerechnet in der Orientierung an der Gegenwart zu entwickeln und nicht, was die Daseinsanalyse aus *Sein und Zeit* mit dem Primat des unbestimmten bevorstehenden Seins nahegelegt hätte, in der Orientierung an der Zukunft. Bei der Frage nach der Temporalität geht es um die Zeit der Philosophie, und die Philosophie wird in der Grundprobleme-Vorlesung als »Vergegenständlichung des Seins« bezeichnet; mit dieser Vergegenständlichung »vollzieht sich der Grundakt, in dem sich die Ontologie als Wissenschaft konstituiert« (GA 24, 398). Heidegger nimmt hier einen Gedanken auf, der bereits auf den letzten Seiten von *Sein und Zeit* anklingt. Dort ist davon die Rede, dass »die antike Ontologie mit

›Dingbegriffen‹ arbeitet«, und Heidegger fragt, was solche Verdinglichung bedeutet und woraus sie entspringt (GA 2, 576/437). Die Grundprobleme-Vorlesung gibt darauf Antwort: Verdinglichung oder Vergegenständlichung bedeutet sprachliche Vergegenwärtigung, und als solche entspringt sie aus der Gegenwart. Die Gegenwart und das ihr entsprechende temporale Schema der Praesenz stehen im Zentrum der Erörterung der Temporalität, weil Heidegger die Philosophie vor allem in ihrer Sprachlichkeit nimmt und alles, was zur Sprache kommt, dadurch präsent sein kann, dass die Rede von vornherein aus der Zeit auf Praesenz hin verstanden wird. Dann aber ist es auch »präsent« – und nicht gewesen oder zukünftig.

Der Praesenz unterstehen dann auch alle begrifflichen Bestimmungen von *Sein und Zeit.* Der Begriff der Präsenz umfasst auch noch Gewesenheit und Zukunft, das unbestimmte bevorstehende Sein ist begrifflich ebenso »präsent« wie die Offenheit der Welt, so dass der Gedanke einer Anwesenheit und Abwesenheit umfassenden Praesenz die Konzeption der Zeitlichkeit selbst bedroht: Er legt es nahe, Zukunft und Gewesenheit als Modifikationen der Praesenz zu fassen, und damit hätte die am alltäglichen Dasein herausgearbeitete Zeitlichkeit selbst überschritten werden müssen; ihre dreifache Gliederung hätte sich als Eigentümlichkeit des alltäglichen Daseins erwiesen, so dass es unmöglich geworden wäre, das für den zweiten Teil von *Sein und Zeit* geplante Destruktionsprogramm in einer Orientierung an der Fundamentalanalyse des Daseins durchzuführen. Die dreifache Gliederung der Zeit wäre nicht mehr die Zeit der Philosophie, die Zeit der Philosophie hätte sich aus ihr nicht mehr verständlich machen lassen können. Damit aber hätte die Fundamentalanalyse des Daseins im Rahmen des Heideggerschen Programms ihren Sinn verloren.

Was Heidegger im Hinblick auf das Programm von *Sein und Zeit* in Schwierigkeiten bringt, ist also die Einsicht in die Unmöglichkeit, der Ursprungslogik seines Programms entsprechend, die Philosophie aus der analog zur Aristotelischen Phronesis gedachten Alltäglichkeit des Daseins verständlich zu machen. Dazu hätte die dreifach gegliederte Zeitlichkeit sich auch als die Zeit der Philosophie interpretieren lassen müssen, und der Ansatz der Grundprobleme-Vorlesung ist dafür untauglich. Die Einführung des horizontalen Schemas der Praesenz überformt die Struktur der Zeitlichkeit in ihrer dreifachen Gliederung, und ohne diese ist die Philosophie nicht mehr aus der Struktur des alltäglichen Daseins zu erklären. Damit ist das Programm der »Fundamentalontologie« gescheitert.

Das heißt nicht, die in *Sein und Zeit* entwickelten Begriffe und Analysen spielten für Heidegger später keine Rolle mehr. Doch er nimmt eine gründliche Revision der in *Sein und Zeit* entwickelten Begriffe vor: Er interpretiert die Ergebnisse der Daseinsanalyse so um, dass die Philosophie nun gerade in der Struktur des Daseins verstanden wird. Dasein ist nicht mehr als Alltägliches von der Philosophie verschieden, sondern in sich wesentlich philosophisch. Allein so kann Heidegger an einem Gedanken festhalten, der seine philosophische Arbeit von ihrem eigenständigen Beginn an begleitet hat – dem Gedanken einer geschichtlichen Philosophie. Die Zeit nach dem Projekt über *Sein und Zeit* steht im Zeichen einer Rückkehr der philosophischen Geschichte.

4. Die Rückkehr der philosophischen Geschichte

Weltbildung von jenseits des Seins

Die Behauptung, dass Heidegger erst nach dem Abbruch des Projekts von *Sein und Zeit* seinen Gedanken einer geschichtlichen Philosophie wieder aufnehmen kann, muss nicht ohne Weiteres einleuchten, wenn man bedenkt, dass die Erörterung der Zeitlichkeit im fünften Kapitel von *Sein und Zeit* mit dem Titel »Zeitlichkeit und Geschichtlichkeit« eingeführt wird. Doch gerade dieses Kapitel bestätigt die Behauptung: Die Geschichtlichkeit, wie Heidegger sie hier erörtert, gehört zum vorphilosophischen Dasein und kann deshalb für die Philosophie nicht wesentlich sein. So ist die Philosophie zwar auch noch gemäß der Konzeption von *Sein und Zeit* eine Befreiung aus den Bindungen überlieferter Begriffe und Denkweisen. Doch wenn diese Befreiung nicht mehr in die freie Zuwendung zum Anfang der Geschichte führt, sondern auf die eigentliche Struktur des Daseins, so ist die Philosophie in ihrem Wesen nicht mehr geschichtlich. Sie macht sich vielmehr nur noch von der Überlieferung frei, um eine Struktur aufzuweisen, die in ihrer Zeitlichkeit als solche nicht zeitlich und geschichtlich ist; die Struktur des Daseins besteht, solange es Dasein gibt. Das Philosophieren hat selbst keine bestimmte Zeit, keine bestimmte historische Situation mehr, sondern hält sich gerade darin in einer umfassenden »Präsenz«, dass es die zeitliche Struktur des Daseins zur Sprache bringt. Das hat Heidegger so gewiss nicht gewollt. Darum muss er sich aus der

»Verunglückung«, die das Unternehmen von *Sein und Zeit* darstellt, wieder herausarbeiten.

Der Durchbruch gelingt Heidegger im Wintersemester 1931/32 mit einer Vorlesung, deren erster Teil der Auslegung des so genannten Höhlengleichnisses aus Platons *Politeia* gewidmet ist. Ähnliche Gedanken wie die, auf die es hier ankommt, finden sich zwar auch schon in Heideggers Vortrag *Vom Wesen der Wahrheit*, der 1930 entstanden ist; doch dieser Vortrag wurde erst 1943 publiziert, und Heidegger hat noch für den Abdruck in der Sammlung *Wegmarken* bemerkenswerte Änderungen vorgenommen. Allein darum ist es besser, sich an die Platon-Vorlesung zu halten, wenn man die Entwicklung von Heideggers neuer Konzeption verstehen will.

Heidegger verfolgt im ersten Teil seiner Platon-Vorlesung die Geschichte von der Höhle, wie sie in der *Politeia* erzählt wird, in ihren einzelnen Stationen; für das Verständnis der Heideggerschen Interpretation sollte die Geschichte deshalb kurz in Erinnerung gerufen werden. Sie handelt von Menschen, die in einer Höhle gefangen sitzen und so gefesselt sind, dass sie nur auf die Höhlenwand blicken können und die Schattenbilder sehen, die von hinter ihnen vorbeigetragenen Gegenständen durch das Licht eines Feuers auf die Höhlenwand geworfen werden; sie handelt weiter davon, was geschieht, wenn einer der Gefangenen von seinen Fesseln befreit wird: Er sieht zunächst die Gegenstände, von denen er zuvor allein die Schatten gesehen hat, und wenn er aus der Höhle herausgeführt wird, sieht er auch Dinge, die nicht, wie die Gegenstände in der Höhle, von Menschen hergestellt sind. Vor allem aber sieht er die Sonne, die all das, was in der Tageshelle liegt, erst sehen lässt und als das ursprüngliche Licht im Unterschied zum künstlich entfachten Feuer in der Höhle verstanden werden muss.

Heidegger geht nun der Frage nach, wie die Metapher des Lichtes in dieser Geschichte zu verstehen ist. Seine Erläuterungen umschreiben zunächst das, was aus der Daseinsanalyse von *Sein und Zeit* als »Erschlossenheit« bekannt ist: »Licht« steht für die Offenheit, in der etwas erst begegnen kann, und entsprechend lässt sich die Metapher des Lichtes als Metapher für die Freiheit des Daseins interpretieren.

Dem Verständnis der Freiheit als Offenheit entsprechend, kommt es Heidegger weniger darauf an, dass etwas im Licht erscheint; entscheidend ist für ihn vielmehr die Durchlässigkeit des Lichtes: »Wir sprechen von der ›Waldlichtung‹; das meint eine Stelle, die frei ist von Bäumen und freigibt den Durchgang, den Durchblick. *Lichten* heißt also freigeben, freimachen. Das Licht lichtet, macht frei, gibt Durchlaß.« (GA 34, 59) Die Rede von einem »freigeben« ist bei Heidegger nicht neu. In *Sein und Zeit* steht sie dafür, es mit etwas »sein Bewenden« haben zu lassen, so dass man sich in seinem Zusammenhang verstehen und verhalten kann. Doch gerade darum ist die zitierte Stelle bemerkenswert: Während in *Sein und Zeit* das Dasein als »an ihm selbst, *als* In-der-Welt-sein gelichtet« (GA 2, 177/133) bezeichnet und entsprechend selbst als das Freigebende verstanden wurde, heißt es nun, das Licht mache frei und gebe so die Offenheit eines Durchgangs und Durchblicks.

Diese veränderte Akzentuierung lässt sich nicht damit erklären, dass die zitierte Stelle in eine Ausdeutung des Höhlengleichnisses gehöre und Heidegger nur dem folge, was der Platonische Text ihm vorgibt. Die Interpretation des Lichtes als einer Metapher der Freiheit ist durch Platons Text so nicht vorgegeben; zwar ist klar, dass die von Platon erzählte Geschichte von der Freiheit handelt – schließlich geht es in ihr um die Befreiung aus einer Gefangenschaft, und da das Motiv der Befreiung für Heidegger zentral ist, wird man leicht verstehen, weshalb ihn die Geschichte von der Höhle interessiert hat. Doch Heidegger folgt der Geschichte nicht nur; es ist zutreffend, wenn er am Ende seiner Ausdeutung des Gleichnisses festhält, dass die Zusammengehörigkeit von Licht und Freiheit durch den Platonischen Text bestenfalls nahegelegt wird und es eine Leistung der Interpretation ist, sie herausgehoben und näher bestimmt zu haben (GA 34, 125). In der Deutung der Geschichte, die in der *Politeia* selbst gegeben wird, kommt die Zusammengehörigkeit von Licht und Freiheit nicht zur Sprache, und Heidegger nimmt das zum Anlass, sein Destruktionsprogramm zu erneuern und nun Platon die entscheidende Rolle spielen zu lassen: Die Befreiung von den Fesseln ist bloße »Ungebundenheit« und bedarf der Begründung in der »positiven« Freiheit des »Freiseins-*für*«: »Das Verhalten zum *Freigebenden* (zum Licht) ist selbst ein Frei*werden*.« Und dass Heidegger hier seine eigenen Gedanken entwickelt, wird vollends deutlich, wenn er hinzufügt: »Eigentliches Frei-werden ist ein entwerfendes *Sich-binden*, – kein bloßes Zulassen einer Fesselung, sondern das Sich-selbst-für-sich-selbst-eine-Bindung-geben, und zwar eine solche, die von vornherein im voraus verbindlich bleibt, so daß jedes nachkommende Verhalten im einzelnen dadurch erst ein freies werden und sein kann.« (GA 34, 59) Mit diesen Sätzen sind die entscheidenden Veränderungen gegenüber der Konzeption von *Sein und Zeit* vollzogen.

Will man im Rückgriff auf die Terminologie von *Sein und Zeit* formulieren, was sich hier verändert hat, so kann man festhalten, dass Heidegger eine neue Bestimmung der Entschlossenheit gibt: »Entschlossenheit« bedeutet nicht mehr nur, im Dasein aus der Verschlossenheit des Verfallens zur Durchsichtigkeit zu gelangen und derart zu sein, wie man »eigentlich« ist. »Entschlossenheit« bedeutet vielmehr, in Bezug auf das Freigebende, das Licht, sich selbst »eine Bindung zu geben«. Zwar führt auch die frühere Konzeption insofern in eine »Verbindlichkeit«, als in der Entschlossenheit nicht mehr gehandelt wird, weil »man« so handelt, sondern die bestimmte Möglichkeit zu handeln in der Offenheit des eigenen Daseins übernommen wird und damit als die eigene für einen selbst verbindlich geworden ist. Aber um die einzelnen Handlungen oder Verhaltensweisen geht es jetzt nicht mehr. Die Bindung, die man sich selbst gibt, ist vielmehr derart, dass in ihr und durch sie »jedes nachkommende Verhalten [...] ein freies werden und sein kann«. Die Bindung betrifft nicht zunächst das Handeln oder Verhalten selbst, sondern den *Zusammenhang* des Handelns, und dies wiederum in spezifischer Weise: Allein dadurch, dass ein solcher Zusammenhang als bindender *entworfen* wird, entspricht man dem »Freimachenden« des Lichtes, das »*eigentlich* frei sein« lässt (GA 34, 59). Das Licht ermöglicht die eigentliche oder positive Freiheit, die man im Entwerfen eines Zusammenhangs übernimmt. Was derart entworfen wird, ist nicht mehr das eigene bevorstehende Sein, sondern die *Welt*. Und das Licht ist eine Metapher für die Zeit.

Dass Heidegger auf diesen Gedanken hinauswill, zeigt sich noch deutlicher, wenn er in den Zusammenhang seiner Konzeption der Freiheit den Begriff des Verstehens und genauer des Seinsverstehens einführt: »*Sein* verstehen meint: die Wesensgesetzlichkeit und den Wesensbau des Seienden im voraus entwerfen. Freiwerden für das Seiende, das Ins-Licht-sehen, heißt den *Seinsentwurf* vollziehen, darin ein Anblick (Bild) des Seienden vor-geworfen und vorgehalten wird, um so im Blick auf diesen Anblick zu Seiendem als solchem sich zu verhalten.« (GA 34, 61) Das lässt sich an Heideggers eigenen Beispielen illustrieren. Er nennt als Beispiele für einen Seinsentwurf die neuzeitliche Naturwissenschaft, die Historie als »Wissenschaft von der Geschichte« (GA 34, 62) und die Kunst, Bereiche also, die in *Sein und Zeit* keine nennenswerte Rolle gespielt haben.

Die neuzeitliche Naturwissenschaft unterliegt der zitierten Bestimmung des Seinsverstehens, sofern in ihr »ein Entwurf vollzogen wurde, durch den vorausspringend *umgrenzt* wurde, was überhaupt unter Natur und Naturvorgang künftig verstanden werden soll: ein raumzeitlich bestimmter Bewegungszusammenhang von Massenpunkten« (GA 34, 61). Dieser »Entwurf« ermögliche erst die Forschung im Einzelnen; erst in seinem Zusammenhang »konnte die so gefaßte Natur auf die Gesetzlichkeit ihrer einzelnen Vorgänge abgefragt und im Experiment gleichsam auf die Probe gestellt werden« (GA 34, 61).

Im Hinblick auf die Geschichte verhält es sich ähnlich: »Ein Mensch vom Range Jacob Burckhardts«, so sagt Heidegger, »ist nicht deshalb ein großer und eigentlicher Historiker, statt eines bloßen Gelehrten, weil er fleißig Quellen las und ausschrieb, noch gar, weil er irgendwo eine Handschrift entdeckte, sondern dadurch, daß er den vorausgreifenden Wesensblick für Menschenschicksal, Menschengröße und Menschenkümmerlichkeit, für Bedingtheit und Grenze menschlichen Handelns, kurz das vorgreifende Verständnis des *Geschehens* dessen, was wir Geschichte nennen, d.h. des Seins dieses Seienden, in sich wirken ließ.« (GA 34, 62f.)

Die Kunst schließlich sei weder »Ausdruck von Erlebnissen« (GA 34, 63) noch Abbildung der Wirklichkeit und auch nichts, »woran andere ein Vergnügen, einen Genuss höherer oder niederer Art haben«. Das Wesen der Kunst bestehe vielmehr darin, dass der Künstler »den Wesensblick für das Mögliche hat, die verborgenen Möglichkeiten des Seienden zum Werk bringt und dadurch die Menschen erst sehend macht für das Wirklich-seiende, in dem sie blindlings herumtreiben«. Und Heidegger resümiert seine Erläuterung der Kunst, indem er sagt: »Das Wesentliche der Entdeckung des Wirklichen geschah und geschieht nicht durch die Wissenschaften, sondern durch ursprüngliche Philosophie und durch die große Dichtung und deren Entwürfe (Homer, Vergil, Dante, Shakespeare, Goethe).« (GA 34, 64) In diesem Satz steckt insofern die eigentliche Pointe seiner neuen Überlegungen, als es nun wieder einen Platz für die Philosophie gibt: Die Hinweise auf Naturwissenschaft, Historie und Kunst sind in einer Klimax angelegt, bei der die Philosophie allein dadurch, dass sie nach einer Erörterung der Kunst zuerst genannt wird, den höheren Rang zugemessen bekommt.

Bemerkenswert ist, dass Naturwissenschaft, Historie und Kunst hier nicht gleichbehandelt werden. Die Naturwissenschaft »umgrenzt« nur, »was überhaupt unter Natur und Naturvorgang künftig verstanden werden soll«, während die Historie von Rang ein »Wesensblick« in das »Geschehen« der Geschichte sein soll. Dem Künstler schließlich wird ein »Wesensblick für das Mögliche« zugesprochen, der sich artikuliert, indem er die »verborgenen Möglichkeiten des Seienden zum Werk bringt und dadurch den Menschen erst sehend macht für das Wirklich-seiende«. Von der Naturwissenschaft gilt es demnach am ehesten, dass sie einen »Anblick« oder ein »Bild« gibt, ein Bild, das man sich zur Orientierung vorhält und an dem man sich beim Handeln orientiert. Die Anspielung auf das Höhlengleichnis ist ebenso wenig zu übersehen wie die gegenüber dem Höhlengleichnis vorgenommene Akzentverschiebung: In der Orientierung an einem Bild liegt noch die Befangenheit, die dem Zustand der Gefangenen in der Höhle entspricht; dennoch ist die Naturwissenschaft auch bereits ein »Seinsentwurf«: Auch sie verdankt sich bereits dem »Lichtblick« (GA 34, 60) der Freiheit, auf den sie antwortet, so dass auch die Gefangenschaft der Befangenheit nur in der Freiheit möglich ist.

Der Naturwissenschaft gegenüber markiert die »Historie von Rang« ein höheres Stadium: Sie hat es nicht mit dem Seienden zu tun, mit dem man im Dasein umgeht, sondern mit dem »Geschehen« des Daseins in der Geschichte; sie hat bereits »das Sein dieses Seienden« – das heißt hier: des Menschen – »in sich wirken« lassen und kann so als eine Artikulation dieses Seins begriffen werden. Verglichen mit der Naturwissenschaft, ist die Historie von Rang weniger befangen, weil es ihr nicht um das Seiende geht, von dem die Naturwissenschaft ein Bild »entwirft«; ihre größere Freiheit besteht darin, dass sie dem Dasein näher ist.

Im Vergleich zur Kunst ist allerdings auch die Historie von Rang noch durch Befangenheit charakterisiert: Mit seinem »Wesensblick für das Mögliche« lässt der Künstler das Dasein nicht nur in sich wirken, sondern er versetzt in Möglichkeiten, indem er sie entdeckt – aus der Verborgenheit freisetzt. Der Künstler macht damit die Menschen auch sehend »für das Wirklich-seiende«, indem er dieses im Unterschied zum Möglichen ausdrücklich werden lässt und so die Menschen in der Differenz von Möglichem und Wirklichem, von Bestimmtem und Unbestimmtem hält, die sie selbst sind. Das wiederum ist nur denkbar, sofern der Künstler selbst in dieser Differenz steht und derart eigentlich »da« ist. Doch das eigentliche Dasein ist nun von anderer Art, als es in *Sein und Zeit* in der Orientierung an der Phronesis konzipiert wurde: Es kommt als eigentliches Dasein in der Kunst, in der Dichtung zur Sprache, und es ist ihm offenbar wesentlich, dass es zur Sprache kommt. Die Kunst ist von allen bisher genannten Formen des »Seinsentwurfs« am freiesten, weil Dasein in ihr und durch sie zur Freiheit »entschlossen« wird.

Wenn es zutrifft, dass Heideggers Erörterung von Naturwissenschaft, Historie und Kunst als verschiedene Stadien oder Stufen der Freiheit auf die selbst nicht erörterte Philosophie ausgerichtet ist, dann muss sich die Philosophie als diejenige Form des »Seinsentwurfs« erweisen, die dem »Lichtblick« der Freiheit am meisten entspricht und derart die höchste Form der Freiheit ist. Als höchste Form der Freiheit wiederum wäre sie die höchste

Ausprägung der Entschlossenheit. Nun hat die Philosophie sicherlich allein darin einen besonderen Rang, dass sie Naturwissenschaft, Historie und Kunst als Stufen der Freiheit ausdrücklich werden lässt. Aber das kann das Entscheidende nicht sein, weil das noch nicht erklärt, warum auch die Philosophie ein »Seinsentwurf« genannt werden kann.

Die Philosophie soll mehr sein als ein Blick auf die Stufen der Freiheit, die man mit ihr bereits hinter sich hat. Und sie kann mehr sein, wenn es ohne sie nicht möglich ist, sich auf einer von ihr verschiedenen Stufe in Freiheit zu halten, noch nicht einmal auf der ihr am nächsten liegenden Stufe der Kunst.

So verhält es sich, wenn keine Stufe der Freiheit vor Missdeutungen geschützt ist; am deutlichsten ist das nicht umsonst bei der Kunst. Heidegger schließt seine Bestimmung der Kunst mit dem Satz ab: »Um aber zu verstehen, was das Kunstwerk und die Dichtung als solche sei, muss sich die Philosophie erst abgewöhnen, das Problem der Kunst als ein solches der Ästhetik zu begreifen.« (GA 34, 64) Sie muss es sich abgewöhnen, die Kunst als »Genuss höherer oder niederer Art« zu deuten; erst wenn die Philosophie »ursprünglich« vollzogen wird, ist auch ein angemessener Zugang zur Kunst eröffnet, derart, dass man in der durch sie eröffneten Artikulation des eigentlichen Daseins sein kann.

Ursprünglich vollzogen aber wird die Philosophie als Entwurf des Seins auf die Zeit. Was ein Entwurf des Seins auf die Zeit sein soll, bleibt unklar, wenn man sich nur an der Bestimmung von »Entwurf« in *Sein und Zeit* orientiert. »Entwurf« war hier gleichbedeutend mit »Verstehen« und bezeichnete also das unmittelbare Vernehmen des eigenen Möglichseins, des eigenen bevorstehenden Seins in seiner Unbestimmtheit, ebenso wie der Möglichkeiten, durch deren Ergreifen man auf die Fraglichkeit des eigenen Möglichseins antwortet. Diese Fassung von »Entwurf« unterscheidet sich aber von dem »Seinsentwurf«, wie er in Naturwissenschaft, Historie und Kunst vollzogen wird. Hier hat man es nicht mehr mit dem Vernehmen von Möglichkeiten zu tun, sondern damit, dass ein Möglichkeitsraum erst eröffnet wird; und vernommen wird auch nicht mehr das eigene bevorstehende Sein in seiner Unbestimmtheit, sondern die Zeit selbst.

Wie das zu verstehen ist, lässt sich aufklären, wenn man sich zunächst noch einmal auf Heideggers Platon-Interpretation einlässt und der Frage nachgeht, wie das mit der Metapher des Lichts bezeichnete Freigebende genauer zu verstehen ist. Die Metapher des Lichts, oder genauer gesagt, der Sonne, steht bei Platon für die Idee des Guten. Diese wird im Text der *Politeia* erläutert als dasjenige, was das Denken und das Gedachte erst ermöglicht – ebenso wie die Sonne mit ihrem Licht das Sehen und das Sichtbare erst sein lässt. Die Idee des Guten ist, gemäß der Heideggerschen Übersetzung des entscheidenden Satzes, dasjenige, »was dem erkennbaren Seienden die Unverborgenheit gewährt und was dem Erkennenden das Vermögen zu erkennen verleiht« (GA 34, 103). »Unverborgenheit« ist ein glücklich gewähltes Wort, um den Sinn des griechischen »alétheia« an dieser Stelle wiederzugeben; gemeint ist ja in der Tat, dass das zu Erkennende durch die Idee des Guten erkennbar, zugänglich – also unverborgen – wird.

Für Heidegger ist das, was bei Platon »die Idee des Guten« genannt wird, die Zeit: Ohne den Blick auf die Zeit ist kein Seinsentwurf möglich, denn die Zeit ist das Ermöglichende überhaupt; nichts ist ohne die Zeit und außer der Zeit, und nichts wird anders als zeitlich. Der »Lichtblick« ist dann eine reine und aus allen Bindungen befreiende Möglichkeitserfahrung, die Erfahrung von *Möglichkeit überhaupt*. Ihr wiederum lässt sich in der Eröffnung eines neuen Möglichkeitsraumes entsprechen. Der »Lichtblick« auf die Zeit lässt erst in eigentlicher, in ausdrücklicher Weise zeitlich sein. Der »Lichtblick« ist also die Erfahrung der Zeit einfachhin. In gewisser Weise nimmt Heidegger damit seinen Gedanken der »Präsenz« aus der Grundprobleme-Vorlesung wieder auf: Die Zeit einfachhin ist nicht in ihre drei Formen gegliedert, aber ihre Erfahrung lässt sich doch nur in einem zeitlich gegliederten Seinsentwurf umsetzen.

Das heißt allerdings nicht, dass der Seinsentwurf den Ekstasen der Zeitlichkeit unterliegt. Er entwirft vielmehr einen Möglichkeitsraum, durch den nicht nur das zukünftige Verhalten vorgezeichnet wird, sondern auch das, was gewesen ist. Der Seinsentwurf im Blick auf das Freigebende der Zeit ist eine neue Bestimmung des Daseins – Einbruch der Zeit mit einer »neuen« Zeit; er ist »Grundgeschehnis« (GA 39, 109), wie Heidegger im Wintersemester 1934/35 sagen wird, oder, wie es dann ab 1936 heißt, »Ereignis«. Mit dem Entspringen einer »neuen Zeit« aus der Erfahrung der Zeit als Möglichkeit überhaupt ereignet sich die Zeit selbst.

Dabei kommt es nicht allein auf die Etablierung eines neuen Möglichkeitsraumes an, sondern darauf, dass dieser in seinem Möglichkeitscharakter bewahrt bleibt. Das zeigt sich besonders deutlich an einer Stelle aus Heideggers Erörterung der Naturwissenschaft, die bisher noch nicht berücksichtigt wurde. Dort sagt Heidegger über den Entwurf der Naturwissenschaft, dieser sei »bis heute im Prinzip derselbe«, und er fährt fort:

> »Aber etwas hat sich doch geändert; nicht so sehr die inhaltlichen Möglichkeiten, die methodischen Umwälzungen, sondern vor allem: der Entwurf hat seinen ursprünglichen Wesenscharakter der *Befreiung* eingebüßt, was sich darin zeigt, daß das Seiende, das heute etwa in der theoretischen Physik und in der Physik überhaupt Gegenstand ist, uns durch diese moderne Wissenschaft nicht mehr *seiender* wurde und wird, sondern das Gegenteil; wir sehen es am Tiefstand dessen, was sich heute Naturphilosophie nennt.« (GA 34, 62)

Ein Seinsentwurf hat den »ursprünglichen Wesenscharakter der Befreiung«, doch er kann diesen auch einbüßen. Jeder Entwurf hat, sofern er in den Zusammenhang des Grundgeschehnisses von Zeit gehört, offenbar »seine Zeit«. Diese Zeit darf man sich nicht im Sinne einer historisch datierbaren Epoche vorstellen; sobald ein Seinsentwurf der historischen Betrachtung unterworfen wird, ist dies das sicherste Anzeichen dafür, dass »seine Zeit« vorbei ist. Vielmehr hat jeder Seinsentwurf in dem Sinne »seine Zeit«, dass eine Zeit mit ihm entspringt und derart die Zeit selbst solange »geschieht«, wie man sich in der ursprünglichen, durch sie ermöglichten Offenheit halten kann. Diese Offenheit ist es, in die man sich mit jedem »nachkommenden Verhalten« und für jedes nachkommende Verhalten »bindet« (GA 34, 59). Es ist eine bestimmte Offenheit, in der man sich verstehen kann, und eben diese hatte Heidegger in *Sein und Zeit* »die Welt« genannt. Der durch den Seinsentwurf entworfene Möglichkeitsraum ist eine Welt.

Auch darin unterscheidet sich die neue Konzeption wesentlich von der älteren: Die Analysen von *Sein und Zeit* berücksichtigten nur die Bewegtheit des Daseins in einer Welt, in der man eigentlich oder uneigentlich »da« sein kann, nicht aber die Möglichkeit einer neuen Öffnung und Gründung der Welt. Demgegenüber geht es jetzt darum, den Zeitcharakter der Welt anders als nur in der Orientierung an der Zeitlichkeit des Daseins, sofern sie die Zeitlichkeit des In-derWelt-seins ist, zu denken. Jetzt kommt es Heidegger auf den Gedanken an, dass aus der Zeit überhaupt die Welt neu entspringt. Seinsentwurf ist Weltentwurf. Weltentwurf aber ist Weltbildung.

Was das genauer heißen soll, erörtert Heidegger in der Vorlesung des Wintersemesters 1929/30, die u.a. die »Weltbildung als Grundgeschehen im Dasein« (GA 29/30, 507) zum Thema hat. »Weltbildung« will er dabei im dreifachen Sinne verstanden wissen: »Das Dasein im Menschen *bildet* Welt: 1. es stellt sie her; 2. es gibt ein Bild, einen Anblick von ihr, es stellt sie dar; 3. es macht sie aus, ist das Einfassende, Umfangende.« (GA 29/30, 414) Hier ist die »Darstellung« der Welt in einem »Bild« noch ganz formal gefasst, während sie in der Platon-Vorlesung einer bestimmten Art der Weltbildung vorbehalten bleibt. Dabei wird jedoch eine Bestimmung eingeführt, die im Vergleich mit den Erörterungen von *Sein und Zeit* höchst ungewöhnlich ist. Was soll es heißen, dass die Welt »hergestellt« werde?

Heidegger gibt eine Antwort auf diese Frage im Anschluss an Aristoteles. Für das Sommersemester 1931 kündigt er »Interpretationen aus der antiken Philosophie« (GA 33, 225) an und liest über die ersten drei Kapitel des neunten Buches der Aristotelischen *Metaphysik*. Die sehr ins Einzelne gehenden Erörterungen dieser Vorlesung führen zu einem Ergebnis, das für Heidegger verbindlich bleiben wird: Die Welt wird hergestellt, indem sie zur Sprache kommt. Und man braucht nur an die Kunst, die Dichtung als ein Stadium der Freiheit zu denken, um das zu konkretisieren: Die Welt wird hergestellt, indem sie erdichtet wird. Damit ist der entscheidende Schritt zu einem neuen Verständnis der Sprache getan, einem Verständnis, das in Heideggers Hölderlin-Interpretationen und in den Vorträgen zum *Ursprung des Kunstwerkes* (1936) seine ersten prägnanten Formulierungen findet.

In der Aristoteles-Vorlesung klingt Heideggers neues Verständnis der Sprache erst an, doch kann man es sich an ihr darum am besten klarmachen. Die Vorlesung ist unter anderem einer Interpretation des Wortes »lógos« gewidmet. Das Sprechen im Sinne des lógos ist, wie Heidegger sagt, »ein Auslesen, ein auslesendes Sammeln des Zusammengehörigen« (GA 33, 142). Mit einem lógos gibt man an, was zu einer Sache gehört, und lässt so die Sache in ihrer Einheitlichkeit und inneren Gliederung offenbar werden. Nimmt man Heideggers Bestimmung der Rede in *Sein und Zeit* als der Erschlossenheit des Miteinanderseins mit dem neuen Verständnis der Sprache zusammen, so ist klar, was man unter der Herstellung einer Welt zu verstehen hat: Indem der einheitliche Zusammenhang des Daseins neu zur Sprache kommt, wird eine *gemeinsame* Welt gestiftet. Sie wird her-gestellt, offenkundig und damit für alle, die zu ihr gehören, verständlich gemacht. Wo eine neue Welt aufbricht, kann die Gemeinsamkeit im Dasein neu, unverstellt und damit anders zustande kommen als durch das »Gerede« des »Man«. Was eine neu hergestellte Welt beherrscht, ist die »Gesammeltheit des Seienden in ›Einem‹« und, wie Heidegger hinzufügt, »im Dasein, das zugleich Zerstreuung ist« (GA 33, 128). Während in *Sein und Zeit* die Rede nur im Modus des Schweigens »eigentlich« sein konnte, ist nun die artikulierte Sprache rehabilitiert.

Die Formulierung vom Dasein, »das zugleich Zerstreuung ist«, mag einerseits vertraut vorkommen, doch andererseits kann sie auch überraschen. Vertraut kann sie aus der Erörterung der Uneigentlichkeit in *Sein und Zeit* sein; in der Orientierung am Gerede und den durch es kundgegebenen Möglichkeiten liege, wie dort zu lesen war, »die ständige Möglichkeit der Zerstreuung« (GA 2, 229/172). Wer sich für alles interessiert, von dem gesagt wird, es sei interessant, und derart in der »Neugier« (GA 2, 226ff./170ff.) befangen ist, sammelt sich nicht auf etwas, sondern ist »zerstreut« in viele Interessen, die sich eigentlich gar nicht wahrnehmen lassen. Das klingt schon in der Habilitationsschrift voraus, wo Heidegger von der »Flächigkeit« des modernen Lebens spricht. Doch andererseits ist die Rede davon, dass Dasein »zugleich Zerstreuung« ist, überraschend, sofern sie sich auf Dasein selbst bezieht und nicht nur auf eine mögliche Seinsweise des Daseins.

Heideggers Vorlesung aus dem Sommer 1928 gibt darüber, wie das zu verstehen ist, genauere Auskunft. Hier nimmt Heidegger »das Problem von Sein und Zeit« noch einmal neu auf und gibt dabei seinem Begriff des Daseins eine radikale Wendung: Die »Neutralität des Titels ›das Dasein‹«, so erfährt man, »ist wesentlich, weil die Interpretation dieses Seienden vor aller faktischen Konkretion durchzuführen ist« (GA 26, 171 f.). In *Sein und Zeit* hatte Heidegger zwar ähnliche Überlegungen angestellt: »Dasein« bezeichnet unsere Weise zu sein, während das Wort »Mensch« ein Seiendes bezeichnet (GA 2, 16/11). Aber der neue Begriff von Dasein ist dennoch anders. Nachdem Heidegger auf die »Neutralität« des Terminus »Dasein« hingewiesen hat, führt er aus, dass er unter »Dasein« nun nicht mehr die Weise zu sein verstanden wissen will, die je die meine ist, sondern eine Neutralität, die unter anderem auch das »Mitsein« ermöglicht: »Das Dasein überhaupt birgt« nicht nur »die innere Möglichkeit für die faktische Zerstreuung in die Leiblichkeit und damit in die Geschlechtlichkeit« (GA 26, 173), sondern auch für das »gattungshafte Zusammenstreben und die gattungshafte Einigung« (GA 26, 175). »Dasein« ist nun zu einem Begriff geworden, der auch eine Gemeinschaft bezeichnen kann. Im Folgenden wird er vor allem eine Gemeinschaft bezeichnen. Heideggers radikal am Individuum orientierte Philosophie öffnet sich dem Kollektiv.

Die radikale Wendung, die Heidegger hier dem Begriff des Daseins gibt, verdient noch eingehender betrachtet zu werden. Selbstverständlich war mit dem Terminus »Dasein« auch in *Sein und Zeit* kein isoliertes, solipsistisches Existieren gemeint; vielmehr hatte Heidegger herausgearbeitet, dass es zu »meiner« Weise zu sein immer schon dazugehört, in mehr oder weniger ausdrücklichen Verhältnissen zu anderen zu stehen. Aber die Bewegung von der Uneigentlichkeit zur Eigentlichkeit hatte doch darin bestanden, von der schattenhaften Gemeinsamkeit des Geredes freizukommen und die anderen in ihrem »eigensten Seinkönnen« freizugeben. Eigentlich, so verstanden, ist Freisetzung der Individualität.

Zwar kommt die Gemeinschaft auch in *Sein und Zeit* schon vor; Heidegger spricht vom »Geschehen der Gemeinschaft« und bezeichnet dieses als das Geschehen »des Volkes«. Aber die Gemeinschaft ist hier anders verstanden. Ihr Geschehen ist das der »Generation«, und entsprechend fordert Heidegger, man solle sich dem »schicksalhaften Geschick des Daseins in und mit seiner ›Generation‹« (GA 2, 508/384 f.) nicht verschließen. Unter einer »Generation« hat man jedoch keine eigens gebildete oder gar neu eröffnete Gemeinschaft zu verstehen, sondern, nach der Formulierung Diltheys, auf die Heidegger in einer Fußnote eigens verweist, »einen engeren Kreis von Individuen, welche durch Abhängigkeit von denselben großen Tatsachen und Veränderungen, wie sie in dem Zeitalter ihrer Empfänglichkeit auftraten, trotz der Verschiedenheit hinzutretender anderer Faktoren zu einem homogenen Ganzen verbunden sind«[17]. Generationszugehörigkeit ist, mit Heideggers Begriff gesagt, ›faktisch‹. Sie bestimmt die Individuen, ohne sie in einem Kollektiv zusammenzuführen. Davon unterscheidet sich Heideggers neue Konzeption der Gemeinschaft beträchtlich: Indem Heidegger das »Dasein« nicht mehr als »je meines« versteht, verschafft er sich die Möglichkeit, Dasein als Daseinsgemeinschaft zu denken und damit als ein Kollektiv, das sich mit der in einem Seinsentwurf zur Sprache kommenden Welt erst bildet. Weltbildung ist, so verstanden, die Bildung einer gemeinsamen Welt, einer welthaften Gemeinschaft.

Es sollte noch einmal festgehalten werden, dass die beschriebenen Veränderungen in Heideggers Denken nach *Sein und Zeit* sich in einem neuen Verständnis der Philosophie konzentrieren. Philosophie ist jetzt nicht mehr »Interpretation« des Daseins, sondern die ausdrückliche Form des Seinsentwurfs. In diesem Sinne bestimmt Heidegger schon in der Vorlesung von 1928 die Philosophie als »Metaphysik«, die »zur Natur des Menschen«

(GA 26, 274) gehöre. In der Antrittsvorlesung, die Heidegger am 24. Juli 1929 in Freiburg hält, nimmt er dies auf und sagt, Metaphysik sei »das Grundgeschehen im Dasein« (GA 9, 122); sie sei »das In-Gang-bringen der Metaphysik, in der sie zu sich selbst und zu ihren ausdrücklichen Aufgaben kommt« (GA 9, 122). Nach den Erörterungen der Platon-Vorlesung dürfte klar sein, was das heißt: »Metaphysik« im emphatischen, noch nicht wie in den 1930er Jahren kritisch gemeinten Sinne, ist Seinsentwurf im Blick auf die Zeit. Sie ist die höchste Form des Seinsentwurfs, weil sie das Sein ausdrücklich aus der Zeit versteht und damit andere Formen des Seinsentwurfs als das im Dasein »Aufgegebene« zur Geltung bringt. Sie ist die höchste Form der Entschlossenheit, weil durch sie ein Seinsentwurf unmissverständlich als solcher gesehen werden und vor seinem Verfall in die Routine des innerweltlichen Handelns bewahrt werden kann; die Philosophie hält einen Seinsentwurf in der Eigentlichkeit, und das kann sie, weil jeder Seinsentwurf seinem Wesen nach philosophisch, »metaphysisch«, ist. Sofern mit einem Seinsentwurf eine neue Zeit einbricht und so sich die Zeit ereignet, gibt die Philosophie an, was an der Zeit ist. Die Philosophie gibt Kundschaft von einer neuen Welt und der mit ihr gebildeten Gemeinschaft; sie stellt sich in den Dienst einer neuen Zeit und einer neuen Welt, weil in dieser das Dasein in der »ursprünglichen Positivität und Mächtigkeit des Wesens« (GA 26, 172) zur Geltung kommt. Damit öffnet Heidegger seine Philosophie für die Politik und die politisch verstandene Geschichte. Und es ist bereits vorgezeichnet, dass die Geschichte, um die es dem Philosophen Heidegger gehen kann, die einer durch eine geschichtliche Welt bestimmten Gemeinschaft sein wird.

Politik: Aufbruch und kein Anfang

Am 21. April 1933 wird Heidegger – fast einstimmig – zum Rektor der Freiburger Universität gewählt, und zum 1. Mai desselben Jahres tritt er in die NSDAP ein.[18] Obwohl er, wie er sich notiert, glaubt, bei der Übernahme des Rektorats »*gegen* die innerste Stimme« gehandelt zu haben, und vermutet, »in diesem Amt, wenn es hochkommt, allenfalls dieses oder jenes ver*hüten*« zu können (GA 94, 110), ist er von Anfang an ein Rektor mit politischen Ambitionen. Er setzt sich aktiv für die neue Universitätsverfassung im Sinne des »Führerprinzips« ein[19], und auch seine Verlautbarungen aus der Rektoratszeit sind von militanter Deutlichkeit: Die »nationalsozialistische Revolution« wird von Heidegger emphatisch begrüßt.[20] Seit der Veröffentlichung der ›Schwarzen Hefte‹ kann außerdem kein Zweifel bestehen, dass Heidegger auch schon vor 1933 starke Sympathien für den Nationalsozialismus hatte. In einem nach Heideggers Datierung im Herbst 1932 begonnenen Heft wird gleich zu Beginn ein »herrlich erwachender volklicher Wille« gefeiert, der »in ein großes Weltdunkel« hineinstehe (GA 94, 109). Ein Brief an Elisabeth Blochmann vom 22. Juni 1932 lässt erkennen, welche Mächte er politisch mit diesem Dunkel identifiziert: Dem Katholizismus und seiner Partei, dem ›Zentrum‹, steht Heidegger eben so scharf ablehnend gegenüber wie dem Kommunismus und den bürgerlichliberalen Strömungen der Weimarer Republik. Demgegenüber kam die ›nationalsozialistische Revolution‹ mit ihrem antibürgerlichen Gestus offenbar den lebensreformerischen Tendenzen Heideggers entgegen, die er in einem Brief an Elisabeth Blochmann schon 1918 formuliert hatte: das »geistige Leben« müsse »bei uns wieder ein wahrhaft *wirkliches* werden«, es müsse »eine aus dem Persönlichen geborene Wucht bekommen, die ›umwirft‹ und zum echten Aufstehen zwingt« (HBBr, 7) – wie man mit einer Aufzeichnung aus den »Schwarzen Heften« ergänzen darf: zum Aufstand gegen »die ganze Verkommenheit des abfließenden Zeitalters« (GA 94, 109).

Das sind Motive, die wenig mit Politik im genauen, sich in politischen Begriffen artikulierenden Sinn zu tun haben. Politische Philosophie hat Heidegger nie interessiert. Die eindringlichen Überlegungen zur Politik und zum Verhältnis von Politik und Philosophie, die er in den Texten von Platon und Aristoteles hätte finden können, übergeht er; die Grundfragen des politischen Denkens: Fragen nach der Legitimation von Herrschaft in ihren verschiedenen Formen, Fragen politischer Vernunft und vor allem die Frage nach der möglichen Gerechtigkeit eines politischen Gemeinwesens kommen bei Heidegger nicht vor.

Statt für ein philosophisches Verständnis der Politik interessiert Heidegger sich in der Politik vor allem für seine Philosophie. In der »Weltstunde« (GA 94, 109) der nationalsozialistischen Machtübernahme will er vor allem seine philosophischen Ambitionen zur Geltung bringen. So steht seine Konzeption der »Metaphysik« als des »Grundgeschehens im Dasein« unverkennbar im Hintergrund, wenn er, eine Woche nach der Verabschiedung des »Ermächtigungsgesetzes« im Reichstag, an Elisabeth Blochmann schreibt:

»Das gegenwärtige Geschehen hat für mich – gerade weil vieles dunkel und unbewältigt bleibt – eine ungewöhnliche sammelnde Kraft. Es steigert den Willen u. die Sicherheit im Dienste eines großen Auftrages zu wirken und am Bau einer volklich gegründeten Welt mitzuhelfen. Seit langem ist mir die Blässe u. das Schattenhafte einer bloßen ›Kultur‹ u. die Unwirklichkeit sogenannter ›Werte‹ zur Nichtigkeit herabgesunken u. ließ mich im Dasein den neuen Boden suchen. Wir werden ihn u. zugleich die Berufung des Deutschen in der Geschichte des Abendlandes nur finden, wenn wir uns dem Sein selbst in neuer Weise u. Aneignung aussetzen. So erfahre ich das Gegenwärtige ganz aus der Zukunft. Nur so kann eine echte Teilnahme wachsen u. jene *Inständigkeit* in unserer Geschichte, die freilich Vorbedingung für ein wahrhaftes Wirken bleibt.« (HBBr, 60)

Vor allem der letzte Satz dieser Briefpassage gibt zu erkennen, dass Heidegger, obwohl alles andere als ein Mitläufer, auch kein dogmatischer Parteigenosse war. Der Nationalsozialismus sei, wie er notiert, »keine fertige ewige Wahrheit« (GA 94, 114), sondern müsse »selbst werdend werden« (GA 94, 115), und Heidegger lässt keinen Zweifel daran, wie er sich das »Werden« des Nationalsozialismus denkt – so dass er die »Möglichkeiten der Weltgestaltung und der Entfaltung« aus der – also aus seiner – Philosophie erhält (GA 94, 134-135). Die »stimmende und bildschaffende Kraft des Entwurfs« müsse »dem verschlossenen Gestaltwillen des Volkes entgegentreten« (GA 94, 135), so dass der Bau einer »volklich gegründeten Welt« in den Zusammenhang eines Seinsentwurfs gehören kann.

Dieser Seinsentwurf steht, wie Heidegger denkt, noch bevor; der »Boden im Dasein« und die »Berufung des Deutschen in der Geschichte des Abendlandes« müssten erst noch gefunden werden. Wenn Heidegger an Elisabeth Blochmann schreibt, das »gegenwärtige Geschehen« bleibe für ihn in vielem »dunkel und unbewältigt«, so ist das also nicht bloß ein Reflex auf die Unklarheit der politischen Lage. Die Uneindeutigkeit des »gegenwärtigen Geschehens« hat ihren Grund darin, dass die Gegenwart noch nicht durch einen Seinsentwurf erhellt ist. Erfährt man das Gegenwärtige derart »ganz aus der Zukunft«, so muss es als Gegenwärtiges ungeklärt bleiben. Das Wirkliche der Gegenwart ist für Heidegger nicht entscheidend, weil er die Gegenwart nur als Übergang erfährt. »Übergang«, so hieß es schon in der Vorlesung des Wintersemesters 1929/30, ist das »Grundwesen des Geschehens« (GA 29/30, 531).

Weil die Gegenwart für Heidegger ein Übergang ist, kann er sich ihr nicht einfach anvertrauen; sie bleibt Gegenwart unter Vorbehalt. Doch sofern Heidegger der Gegenwart eine Zukunft entwerfen will, kann er sich zu ihr auch nicht »unzeitgemäß«, kritisch oder distanziert, verhalten. Heidegger blickt vielmehr in die Ferne einer möglichen Zukunft, um so der Gegenwart zu entsprechen. Zukunft und Gegenwart bleiben in einer bei aller revolutionären Entschiedenheit uneindeutigen Schwebe.

Das kommt in der Rede zum Ausdruck, die Heidegger aus Anlass seiner Übernahme des Rektorats unter dem Titel *Die Selbstbehauptung der deutschen Universität* gehalten hat, und es wird wohl besonders deutlich, wenn man die Rede von ihrem Schluss her liest: »Die Herrlichkeit aber und die Größe dieses Aufbruchs verstehen wir dann erst ganz, wenn wir in uns jene tiefe und weite Besonnenheit tragen, aus der die alte griechische Weisheit das Wort gesprochen: tà megála pánta episphalê ... ›Alles Große steht im Sturm ...‹ (Platon, *Politeia* 497d 9).« (GA 16, 117)

Heideggers Übersetzung ist ungewöhnlich und frei; wörtlicher müsste man das Adjektiv »episphalés« mit »zum Fallen vornüber geneigt« oder auch mit »unsicher« wiedergeben. Doch gerade dann ist zu fragen, ob Heidegger überhaupt etwas anderes sagt: Was »im Sturm steht«, ist »zum Fallen geneigt« und darin »unsicher« oder auch »gefährdet«. Wichtiger als dies ist allerdings die Frage, was hier »alles Große« sein soll. Heideggers Rede gibt durch den Kontext des Zitats darauf scheinbar eine eindeutige Antwort; es ist »der Aufbruch« in seiner »Herrlichkeit und Größe«.

Im Kontext von Platons *Politeia*, der das Zitat entnommen ist, sieht das etwas anders aus. Heidegger hat für den Schluss seiner Rede kein beliebiges Zitat aus dem Zusammenhang gerissen. Liest man bei Platon nach, so wird man feststellen, dass die Erörterungen im Umkreis des Zitats genau den Zusammenhang betreffen, den Heidegger im Sinn hat. Es geht um das Verhältnis von Philosophie und Politik oder genauer: um das Verhältnis der Philosophie zur möglichen Verfassung (politeía) des Staates. Sokrates schildert ausführlich, dass die philosophischen Naturen, die Menschen also, die zur Philosophie geeignet sind, in den Staaten mit schlechter Verfassung in der Gefahr sind, verdorben zu werden, und, wenn sie dieser Gefahr entgehen wollen, nur die Möglichkeit haben, sich von den politischen Dingen zurückzuziehen. Doch wo die Philosophie im Staat bestenfalls am Rande betrieben wird, ist das eine Gefahr für den Staat selbst. In einem schlechten Staat ist die Philosophie bedroht, aber ohne die Philosophie ist der Staat in Gefahr. Und dann folgt der Satz: »Alles Große« – genauer: »alle großen Dinge nämlich neigen zum Fallen, und wie das Sprichwort sagt, das Schöne ist wahrhaft schwer« (*Politeia* 497d 9 f.). Das Große und Schöne, von dem Sokrates hier spricht, ist das richtige Verhältnis von Philosophie und Politik. Nur in einem gerechten Staat könne sich die Philosophie wirklich entfalten, und ohne Philosophie ist, wie Platons Sokrates und wohl auch Platons selbst denkt, ein gerechter Staat nicht möglich. Unterstellt man, dass Heidegger sich über den Kontext seines Zitats im Klaren gewesen ist, dann ist das, was »im Sturm steht«, also das Verhältnis von Philosophie und Politik.

Die Rektoratsrede zeigt, wie Heidegger dieses Verhältnis verstehen will: Er gliedert die Philosophie als »Wissensdienst« in das politische Leben ein, um so dieses dem Entwurf seiner philosophisch bestimmten Zukunft zu unterstellen. Dies geschieht in zwei Schritten; zuerst erörtert Heidegger sein Verständnis von Philosophie und Wissenschaft und geht dann auf die Politik ein.

Philosophie und Wissenschaft sind dabei als eine Einheit gesehen: »Alle Wissenschaft ist Philosophie, mag sie es wissen und wollen – oder nicht«, und zwar deshalb, weil sie dem griechischen »Anfang der Philosophie verhaftet« bleibe (GA 16, 109). Diese These ist aus den erörterten Passagen der Platon-Vorlesung aus dem Wintersemester 1931/32 bekannt. Die Wissenschaft kann die Ursprünglichkeit ihres Entwurfs nur dann bewahren, wenn sie philosophisch ausdrücklich in die Zeit gestellt ist. Sofern die Wissenschaft die Ursprünglichkeit ihres Entwurfs verdeckt, ist es die Aufgabe der Philosophie, gegen diese Verdeckung anzuarbeiten und die Wissenschaft wieder als das freizulegen, was sie in Wahrheit ist. Dazu wiederum ist es, wie Heidegger denkt, erforderlich, die Wissenschaft auf ihren »Anfang« in der Philosophie zu beziehen; allein im Anfänglichen liegt die Möglichkeit und Wesentlichkeit eines Seinsentwurfs.

Wenn alle Wissenschaft in Wahrheit Philosophie ist, dann lässt sie sich in ihrem Wesen auch nur bestimmen, indem die Philosophie sich selbst bestimmt. Die Weise, in der Heidegger diese Bestimmung vornimmt, zeigt bereits an, wie eng die beiden Teile der Rede miteinander verklammert sind: Heidegger erinnert an das griechische Verständnis der Philosophie als »theoría«, aber nur, um in dieser »die höchste Verwirklichung echter Praxis« (GA 16, 110) zu sehen. Die Praxis wiederum ist für Heidegger politischer Natur. Aber sie wird nicht als freies, überlegtes und verantwortliches Handeln von Bürgern verstanden, sondern als Dienst; genauer ist sie »Arbeitsdienst«, »Wehrdienst« und »Wissensdienst« (GA 16, 113). Damit orientiert sich Heidegger einerseits an seiner nationalsozialistisch geprägten Gegenwart. Doch was die Ergänzung des »Arbeitsdienstes« und des »Wehrdienstes« um den »Wissensdienst« betrifft, orientiert er sich außerdem an Platons *Politeia*, indem er die Einteilung der in Gedanken gegründeten Polis in drei Stände übernimmt: Handwerker, Wächter oder »Wehrmänner«, wie Schleiermacher übersetzt (z.B. *Politeia* 374 e), und Philosophen, die zugleich Herrscher sind. Heidegger deutet die drei Stände im Sinn seiner in der Platon-Vorlesung entwickelten Freiheitskonzeption: als mögliche Bindungen im Möglichkeitsraum des Staates, in welchen dieser als Richtmaß übernommen wird.

Die drei politischen »Bindungen« sollen zwar »gleich notwendig und gleichen Ranges« (GA 16, 114) sein. Doch Heidegger lässt an der Vorrangstellung der Philosophie keinen Zweifel; schon im Gedankenentwurf der gerechten Polis bei Platon bilden Handwerker, Wächter und Philosophenherrscher eine Hierarchie. Eine Philosophie, die sich als »Wissensdienst« begreift, ordnet sich demnach dem Staat dienend unter und stellt sich zugleich an die Spitze des Staates – sogar über den Staat; sie will, die politische Welt entwerfend, über den Staat hinausdenken, um so dem Staat zu dienen.

Fraglich ist allerdings, ob der Staat diese höchst eigentümliche Weise des Dienstes versteht und annimmt. Dass Heidegger, was dies betrifft, seine Zweifel gehabt hat, geht aus dem Ende der Rektoratsrede hervor, aus der Versicherung also, dass Herrlichkeit und Größe des Aufbruchs im Sturm stünden. Das Schicksal des Staates, so will er suggerieren, sei von der Philosophie abhängig, weil allein sie die Wesentlichkeit des Staates verbürgen könne, denn die Wesentlichkeit des Staates sei letztlich die der Philosophie. Die Philosophie wiederum kann, wie Heidegger sagt, nur dann »wahrhaft bestehen [...], wenn wir uns wieder unter die Macht des Anfangs unseres geistig-geschichtlichen Daseins stellen«. Und er fährt fort:

> »Dieser Anfang ist der Aufbruch der griechischen Philosophie. Darin steht der abendländische Mensch aus einem Volkstum kraft seiner Sprache erstmals auf gegen das Seiende im Ganzen und befragt und begreift es als das Seiende, das es ist.« (GA 16, 108f.)

Hier ist das Idealbild gezeichnet, an dem Heidegger den politischen »Aufbruch« des Nationalsozialismus messen möchte. In der griechischen Philosophie, wie Heidegger sie sieht, fallen »Aufbruch« und »Anfang«, also der geschichtliche Beginn und das ihm Bedeutung verleihende, alle Selbstverständlichkeit außer Kraft setzende Fragen, zusammen. »Anfang« ist das »Ereignis« des Denkens, und »Aufbruch« ist das geschichtliche ›Aufstehen‹ eines Volkes, in dem das Denken sich ereignen soll. Von einem Ereignis des Denkens kann aber in der geschichtlichen Situation des nationalsozialistischen ›Aufbruchs‹, wie Heidegger sie sieht, nicht die Rede sein; dieser Aufbruch lässt einen solchen Anfang allenfalls erwarten. So liegt die ›Herrlichkeit und Größe‹ des geschichtlichen Aufbruchs für Heidegger vor allem darin, dass er sie dem gegenwärtigen Aufbruch von seiner offenen und ungewissen Zukunft her zuspricht:

»Der Anfang *ist* noch. Er liegt nicht *hinter* uns als das längst Gewesene, sondern er steht *vor* uns. Der Anfang ist als das Größte im voraus über alles Kommende und so auch über uns schon hinweggegangen. Der Anfang ist in unsere Zukunft eingefallen, er steht dort als die ferne Verfügung über uns, seine Größe wieder einzuholen. Nur wenn wir dieser fernen Verfügung entschlossen uns fügen, um die Größe des Anfangs zurückzugewinnen, nur dann wird uns die Wissenschaft zur innersten Notwendigkeit des Daseins. Andernfalls bleibt sie ein Zufall, in den wir geraten, oder das beruhigte Behagen einer gefahrlosen Beschäftigung zur Förderung eines bloßen Fortschritts von Kenntnissen. Fügen wir uns aber der fernen Verfügung des Anfangs, dann muß die Wissenschaft zum Grundgeschehnis unseres geistig-volklichen Daseins werden.« (GA 16, 110f.)

Wenn der Anfang für den die Universität in den »Wissensdienst« einschwörenden Rektor derart ungewiss ist, muss für ihn in der Gegenwart noch »vieles dunkel und unbewältigt« sein. Das gilt vor allem für das Verhältnis von Politik und Philosophie; der politische Aufbruch steht in der Gefahr zu scheitern, wenn er nicht, angeleitet durch die Philosophie, zu einem Seinsentwurf führt. Und die Philosophie steht in der Gefahr zu scheitern, wenn es ihr nicht gelingt, als »die höchste Verwirklichung echter Praxis« politisch zu wirken und zu einem Seinsentwurf zu führen. Heidegger hat die Philosophie in ihrem Schicksal an die Politik gebunden, ebenso wie die Politik in ihrem Schicksal auch an die Philosophie.

Damit diese Spannung ausgetragen werden kann, muss die von der Philosophie bestimmte Universität sich gegenüber der Politik – im Sinne des Titels der Rektoratsrede – selbst behaupten. Dabei hat Heidegger freilich nichts weniger als die Unabhängigkeit der Universität von der Politik im Sinn; mit aller Schärfe erklärt er, die »vielbesungene ›akademische Freiheit‹« werde »aus der deutschen Universität verstoßen« (GA 16, 113). Die Universität, wie er sie verstehen will, behauptet sich allein dadurch, dass sie im »Dienst« ihre eigentümliche Aufgabe wahrnimmt, nämlich die Herausforderung der Philosophie (und Wissenschaft) durch die Politik anzunehmen und damit die Politik in die Herausforderung durch die Philosophie zu stellen. Diese wechselseitige Herausforderung kann ihren Ort in der Universität haben, weil hier Politik und Philosophie aufeinandertreffen. Darauf geht Heidegger am Ende seiner Rede ausführlicher ein, indem er von der »Kampfgemeinschaft der Lehrer und Schüler« spricht. Man darf ihm abnehmen, was er in einem 1945 verfassten Rückblick auf seine Rektoratszeit schreibt; die Rede vom Kampf sei im Sinne von Heraklit, Fragment 53 (GA 16, 379f.), und das heißt: als Auseinandersetzung zu verstehen. Gemeint ist die Auseinandersetzung, bei der die Lehrer die Stelle der Philosophie und die Schüler die Stelle der Politik einnehmen und die Spannung dieses Verhältnisses austragen: »Der Wesenswille der Schülerschaft«, so sagt Heidegger, »muß sich in die höchste Klarheit und Zucht des Wissens hinaufzwingen und die Mitwissenschaft um das Volk und seinen Staat in das Wesen der Wissenschaft fordernd und bestimmend hineingestalten.« (GA 16, 116) Die »Schülerschaft« fordert also die »Lehrerschaft« durch ihren politischen Anspruch heraus, und die Lehrerschaft hat sich dieser Herausforderung zu stellen. Dazu soll sie nur imstande sein, wenn sie »zur Einfachheit und Weite des Wissens um das Wesen der Wissenschaft« (GA 16, 116) gelangt, das heißt, die Wissenschaft aus ihrem zukünftigen Anfang als Philosophie versteht. Das wiederum soll die politisierten Schüler dazu herausfordern, sich politisch durch die Philosophie zu verstehen. Das Verhältnis von Philosophie und Politik steht im Sturm, weil es noch unentschieden ist; Philosophie und Politik müssen sich durch ihre wechselseitige Herausforderung erst in ihrer Wesentlichkeit erweisen. Sie müssen, wie Heidegger den Begriff des Kampfes etwa anderthalb Jahre später erläutern wird, in *Auseinandersetzung* stehen, damit sie »aus einander gesetzt werden« und so aus einander zu ihrem Wesen kommen können.[21]

Die mit dem politischen ›Aufbruch‹ ermöglichte Auseinandersetzung versteht Heidegger als eine Neubestimmung der Universität. Die kann – und soll – sich nach seiner Überzeugung auch darin selbst behaupten, dass sie mit ihrer geschichtlichen Situation ernst macht. Sie soll sich von allen vermeintlichen Selbstverständlichkeiten des akademischen Lebens verabschieden und sich allein aus der geschichtlichen Offenheit des ›Aufbruchs‹ verstehen. Allein dadurch, dass »Wissenschaft und deutsches Schicksal« beide »zur Macht kommen« (GA 16, 108) soll ernsthafte Wissenschaft möglich sein. Es gelte, »dem deutschen Schicksal in seiner äußersten Not« standzuhalten und, gemäß der revolutionären Logik von Anfang und Aufbruch, auf jeden metaphysischen und religiösen Halt zu verzichten. Mit der erträumten Einheit von Anfang und Aufbruch geht für Heidegger der Abschied von der christlichen Tradition und der durch sie bestimmten Philosophie einher. Dazu liest man:

»Und wenn gar unser eigenstes Dasein selbst vor einer großen Wandlung steht, wenn es wahr ist, was der leidenschaftlich den Gott suchende letzte deutsche Philosoph, Friedrich Nietzsche, sagte: ›Gott ist tot‹ –, wenn wir Ernst machen müssen mit dieser Verlassenheit des heutigen Menschen inmitten des Seienden, wie steht es dann mit der Wissenschaft? Dann wandelt sich das anfänglich bewundernde Ausharren der Griechen vor dem Seienden zum völlig ungedeckten Ausgesetztsein in das Verborgene und Ungewisse, d.i. Fragwürdige. Das Fragen ist dann nicht mehr nur die überwindbare Vorstufe zur Antwort als dem Wissen, sondern das Fragen wird selbst die höchste Gestalt des Wissens. Das Fragen entfaltet dann seine eigenste Kraft der Aufschließung des Wesentlichen aller Dinge. Das Fragen zwingt dann zur äußersten Vereinfachung des Blickes auf das Unumgängliche.« (GA 16, 111)

Noch ganz im Sinne seiner »Handaufhebung« will Heidegger den politischen ›Aufbruch‹ von jeder traditionellen Bindung lösen, damit er ein wahrhafter Anfang sei. Die »äußerste Not«, die Verlassenheit des Menschen nach dem Tod Gottes, soll die Stimmung eines Anfangs sein, der anders ist, als es der griechische gewesen war. Es ist ein Anfang, dessen Andersheit gegenüber dem griechischen sich im Rückblick erweist und darin, dass er zugleich das Ende der im griechischen Anfang beginnenden Tradition ist. Wie Heidegger in seinen zwischen 1936 und 1938 entstandenen *Beiträgen zur Philosophie* entwickeln wird, spannt sich zwischen dem gewesenen ersten Anfang und dem zukünftigen anderen der geschichtliche Zeitraum des Denkens. Die Mitte dieses Zeitraums hätte freilich die politische Gegenwart zu sein; erst wenn der gegenwärtige Aufbruch über sich zur Klarheit käme, hätte der Austrag der Spannung zwischen beiden Anfängen seinen geschichtlichen Ort.

Aber davon ist das »deutsche Schicksal«, wie Heidegger es versteht, noch weit entfernt; sonst müsste der Philosoph es nicht erst auf seine höchst eigene Sicht der Dinge einschwören. Zwar mag dieses Schicksal bereits das eines »in seinem Staat sich selbst wissenden Volkes« (GA 16, 108) sein. Aber wenn es nichts von der »Verlassenheit des heutigen Menschen« weiß, ist es noch längst nicht zu sich gekommen und weit davon entfernt, dem Schicksal, in das dieses Wissen gehört, »standzuhalten«: Heideggers Frage, was ist, »wenn wir Ernst machen müssen mit dieser Verlassenheit des heutigen Menschen«, hat nur Sinn, wenn mit ihr noch nicht Ernst gemacht ist. Die »Herrlichkeit und Größe« des Aufbruchs verdeckt das eigentliche Problem, und Heidegger will es aufdecken. Die Herrlichkeit und Größe des Aufbruchs steht in der Gefahr, zu verflachen.

Dass Heidegger eine solche Verflachung befürchtet hat, geht aus seinem Brief an Elisabeth Blochmann vom 30. März 1933 hervor. In der gegenwärtigen Situation, so schreibt er, müsse »in aller Ruhe jenes überall aufschießende und allzu eilige Mitlaufen mit den neuen Dingen hingenommen werden«. Und weiter heißt es:

> »Jenes Sichankleben an das Vordergründliche, das nun plötzlich alles und jedes ›politisch‹ nimmt ohne zu bedenken, daß das nur ein Weg der ersten Revolution bleiben kann. Freilich kann das für Viele ein Weg der ersten Erweckung werden und geworden sein – gesetzt, daß wir uns für eine zweite u. tiefere vorzubereiten gesonnen sind. Die Auseinandersetzung mit dem ›Marxismus‹ u. dem ›Zentrum‹ muß in ihrem eigentlichen Sinn versacken, wenn sie nicht heranreift zu einer Auseinandersetzung mit dem Widergeist der kommunistischen Welt und nicht minder mit dem absterbenden Geist des Christentums. Sonst bleibt alles eine große Zufälligkeit[,] belastet mit der Gefahr, daß wir – mit den entsprechenden Abwandlungen natürlich – in ein Zeitalter hineingeraten wie es die Jahreszahlen 1871-1900 abstecken. Wir dürfen allerdings durch solche Befürchtungen weder die Wucht des Geschehens heute uns verkleinern noch dürfen wir es schon als Versicherung dafür nehmen, daß unser Volk damit schon seinen verborgenen Auftrag – an den wir glauben – begriffen u. die letztwirkenden Mächte für seinen neuen Gang gefunden hat.« (HBBr, 60)

Heidegger, das wird in diesen Sätzen sehr deutlich, sieht die Gefahr einer »Verbürgerlichung der Bewegung« (GA 94, 136). Er befürchtet den leeren Betrieb, die Routine des politischen Alltags. Das ist der Albtraum aller Revolutionäre und für sie Anlass zu der Frage, wie der Ausnahmezustand der Revolution auf Dauer gestellt werden kann. Die Antwort des Philosophen spricht ganz in eigener Sache: Allein die Philosophie und ihre radikale Unselbstverständlichkeit sind der Revolutionsgarant, und deshalb müsste die Politik, wenn sie in der Einschätzung des Revolutionärs Heidegger bestehen sollte, ganz und gar von der den Philosophen umtreibenden Frage nach dem »Seienden im Ganzen« durchdrungen sein. In einer höchst befremdlichen *tour de force* hat Heidegger deshalb den nationalsozialistischen ›Aufbruch‹ auf seine Philosophie zu verpflichten versucht.

Eine Skizze für die Durchführung dieses Programms ist in den ›Schwarzen Heften‹ zu finden; vom Fernziel des philosophisch gewordenen deutschen Volkes kommt Heidegger Schritt für Schritt auf das Naheliegende des politisch-ökonomischen Alltags zurück. Das »eigentliche, aber fernste Ziel« sei »die geschichtliche Größe des Volkes in der Erwirkung und Gestaltung der Seinsmächte«; zuvor aber müsste das »nähere Ziel« erreicht sein, nämlich »das Zusichselbstkommen des Volkes aus seiner Verwurzelung und aus der Übernahme seines Auftrags durch den Staat«. Das wiederum setzt »das nächste Ziel« voraus: »die vorläufige Schaffung der Volksgemeinschaft« als »Selbst des Volkes«. Vor dem nächsten Ziel steht allerdings noch das »allernächste«: »die Daseinsfähigkeit und Arbeitsfähigkeit aller Volksgenossen – Schaffung der Arbeitsfreude und des neuen Arbeitswillens« (GA 94, 136). Die Frage, welche Ziele der politische ›Aufbruch‹ nach Heideggers Einschätzung realisieren konnte, darf offenbleiben, denn gewiss ist, dass es zur Realisierung des »eigentlichen, aber fernsten Ziels« nicht kam. Es gab noch nicht einmal Anzeichen für seine Realisierung, und insofern war Heideggers bald einsetzende politische Enttäuschung in seinem Programm angelegt. Er selbst hat, wie gesagt, die Enttäuschung befürchtet, und das war berechtigt, auch wenn das von Heidegger Befürchtete nicht eingetreten ist und gar nicht eintreten konnte. Man musste auch schon im Jahr 1933 sehr ignorant oder realitätsfremd sein, um zu befürchten, dass ein Regime wie das nationalsozialistische sich analog zum Wilhelminischen Reich in einer neuen Gründerzeit etablieren könnte.

Dass der philosophisch-revolutionäre Gedanke des Anfangs und der politisch-revolutionäre des Aufbruchs nicht harmonieren konnten, hat einer der ersten und scharfsinnigsten Kritiker der Rektoratsrede, Karl Jaspers, gesehen. Am 23. August 1933 schreibt er an Heidegger:

»Ich danke Ihnen für Ihre Rektoratsrede. Es war mir lieb, daß ich sie nach der Zeitungslektüre nun in authentischer Fassung kennenlernte. Der große Zug Ihres Ansatzes im frühen Griechentum hat mich wieder wie eine neue und sogleich wie selbstverständliche Wahrheit berührt. Sie kommen darin mit Nietzsche überein, aber mit dem Unterschied, daß man hoffen darf, daß Sie einmal philosophisch interpretierend verwirklichen, was Sie sagen. Ihre Rede hat dadurch eine glaubwürdige Substanz. Ich spreche nicht von Stil und Dichtigkeit, die – soweit ich sehe – diese Rede zum bisher einzigen Dokument eines gegenwärtigen akademischen Willens macht, das bleiben wird. Mein Vertrauen zu Ihrem Philosophieren, das ich seit dem Frühjahr und unseren damaligen Gesprächen in neuer Stärke habe, wird nicht gestört durch Eigenschaften dieser Rede, die zeitgemäß sind, durch etwas darin, was mich ein wenig forciert anmutet und durch Sätze, die mir auch wohl einen hohlen Klang zu haben scheinen.

Alles in allem bin ich nur froh, daß jemand so sprechen kann, daß er an die echten Grenzen und Ursprünge rührt.« (HJBr, 155)

Wenn Jaspers sein »Vertrauen« zu Heideggers Philosophieren betont, so darf man daraus auch die Mahnung an den befreundeten

Kollegen lesen, er solle seinem Philosophieren vertrauen und nicht dem, was der politische ›Aufbruch‹ versprach. Zugleich fordert Jaspers eine philosophisch interpretierende Einlösung des in der Rektoratsrede nur Skizzierten ein und erinnert Heidegger daran, was von ernsthafter philosophischer Arbeit zu erwarten ist. Auch wenn Heidegger recht bald versteht, dass der politische ›Aufbruch‹ kein philosophischer Anfang war, wird er nicht einfach zu der von Jaspers geforderten philosophischen Arbeit, die er in seiner Marburger Zeit so glänzend beherrscht hatte, zurückkehren. Vielmehr wird er versuchen, den Gedanken des Seinsentwurfs so zu revidieren versuchen, dass er ohne die politische Realität auskommt und dennoch am Gedanken des Baus einer »volklich gegründeten Welt« festhalten kann. Dabei wird Heidegger den Gedanken aufgeben, dass der neue philosophische Anfang, um den sein Denken kreist, philosophisch entworfen und bewirkt werden kann. Der Anfang, so wird er nun denken, ist nichts Aufgegebenes, das aus eigener Kraft zu bewältigen ist. Der Anfang lässt sich durch keinen Aufbruch »wieder einholen« (GA 16, 110). Er ist, wie Heidegger verstehen wird, der Selbstbehauptung unverfügbar. Entsprechend kann die Philosophie auf politische Aufbrüche nicht setzen. Die Zuversicht, dass Philosophie und Politik sich revolutionär miteinander verbinden können, hält dem Sturm nicht stand.

Auch die in der Rektoratsrede artikulierte Forderung, es sei Ernst zu machen mit Nietzsches Wort vom Tode Gottes, wird Heidegger so nicht aufrechterhalten. Er wird vielmehr nach einer Möglichkeit suchen, Nietzsches Wort mit der ebenfalls Nietzsche zugesprochenen leidenschaftlichen Gottsuche zu verbinden. Und Heidegger wird nun den in der Rektoratsrede angedeuteten Gedanken ernst nehmen, dass sich das Denken der Verfügung des Anfangs »zu fügen« hätte. An die Stelle einer zu entwerfenden Zukunft, aus der sich auch die Gewesenheit bestimmt, wird er den Gedanken eines offenen Zeitraums setzen, in dem nichts zu bewirken und nichts zu erreichen ist.

5. Der unverfügbare Anfang

Heideggers Hölderlin: Die Götter, der Gott und die dürftige Zeit

Mit einem Brief vom 12. April 1934 reicht Heidegger beim zuständigen Minister sein Rücktrittsgesuch als Rektor der Freiburger Universität ein.[22] Welche inneruniversitären Querelen dafür auch immer der Anlass gewesen sein mögen, viel spricht dafür, dass Heideggers eigentlicher Rücktrittsgrund das Scheitern seines philosophisch-politischen Programms gewesen ist.[23] Glaubt man Heideggers eigenem Zeugnis, hat er erst 1935 wieder zur philosophischen Arbeit zurückgefunden. Am 1. Juli 1935 schreibt er an Jaspers, »erst seit einigen Monaten« habe er »den Anschluß an die im Winter 32/33 (Urlaubssemester) abgerissene Arbeit wieder erreicht« (HJBr, 157; Nr. 120). Das deutet auf die Vorlesung *Einführung in die Metaphysik* (GA 40) hin, die Heidegger im Sommersemester 1935 hält und mit der er in der Tat einen neuen Anlauf zur Artikulation seiner Fragestellung unternimmt.

In seinem Brief übergeht Heidegger die Vorlesung aus dem Wintersemester 1934/35 über *Hölderlins Hymnen »Germanien« und »Der Rhein«* (GA 39). Das ist insofern verständlich, als diese Vorlesung nicht zu philosophischen Klärungen vorstößt, mit denen Heidegger hätte zufrieden sein können. Er hatte, wie er am 21. Dezember 1934 an Elisabeth Blochmann schreibt, für den Sommer 1935 zunächst vor, die Hölderlin-Vorlesung fortzusetzen (HBBr, 84), doch offenbar war es ihm noch nicht gelungen, die erörterte Sache so weit zu bewältigen, dass er eine Fortsetzung für aussichtsreich hielt. Zumindest heißt es in dem genannten Brief: »An eine Veröffentlichung [über Hölderlin] denke ich nicht. Dazu bin ich der ganzen Dichtung noch zu wenig gewachsen.« (HBBr, 84) Erst 1936 fasst Heidegger einige Grundlinien seiner Hölderlin-Vorlesung zu einem Vortrag über *Hölderlin und das Wesen der Dichtung* zusammen, den er am 2. April dieses Jahres in Rom hält.

Trotzdem nimmt die Hölderlin-Vorlesung in Heideggers Entwicklung eine besondere Stelle ein. Das Scheitern seines philosophisch-politischen Programms treibt Heidegger in eine Beschäftigung mit der Kunst, und diese wiederum entzündet sich für ihn an der Dichtung Hölderlins. Aus Heideggers eigener Perspektive hat es sich wohl so darstellen müssen, dass die erste der Hölderlin-Vorlesungen – zwei weitere wird er erst 1941 und 1942 halten – nur das Dokument eines ersten, noch unvollkommenen Orientierungsversuches war. Für den späteren Leser erweist sich die erste Hölderlin-Vorlesung als der Text, in dem Heideggers Versuche zur Neuorientierung am besten fassbar sind, weil das Neue hier erst im Entstehen ist. Die entscheidenden Motive liegen offen zutage, und es lassen sich auch schon die Linien erkennen, die Heidegger weiterverfolgen wird.

Mit der ersten Hölderlin-Vorlesung zeichnen sich bereits deutlich die Konturen seiner Philosophie der späten 1930er Jahre ab. Die Konstellation von Heideggers Grundgedanken und Gedankenmotiven ändert sich nun nicht mehr wesentlich. Heidegger wird die Leitmotive der ersten Hölderlin-Vorlesung gründlicher ausarbeiten und dabei modifizieren: Auch der Gestus seines Philosophierens wird sich noch wandeln: die expressive und oft gewaltsame Sprache weicht mit dem Alter einem zurückgenommenen, trotz aller Ungewöhnlichkeiten lapidaren Stil, in dem begriffliche

Festlegungen zunehmend vermieden werden. Die Texte Heideggers, die zum Spätwerk gehören, sind jedoch gedanklich nicht nachzuvollziehen oder zu rekonstruieren, wenn man sie nicht im Zusammenhang der Vorlesungen und Schriften liest, die Heidegger zwischen 1934 und 1938 verfasst hat. Wenn die Gedankenkonstellation Heideggers sich seit dieser Zeit im Wesentlichen nicht mehr ändert, lässt sich im Anschluss an die ihr zugehörigen Texte auf das Spätere verweisen.

Der oben zitierte Brief Heideggers an Jaspers ist kein Ausdruck der Zufriedenheit über die wiedergewonnene Kontinuität der philosophischen Arbeit, sondern ein deutliches Zeichen der Depression. Was er zustande bringe, sei, wie Heidegger sagt, »ein mühsames Tasten«, »ein dünnes Gestammel«; dem setzt er hinzu: »und sonst sind ja auch zwei Pfähle – die Auseinandersetzung mit dem Glauben der Herkunft und das Mißlingen des Rektorats – gerade genug an solchem, was wirklich überwunden sein möchte« (HJBr, 157). Die Metapher vom »Pfahl im Fleisch« stammt aus dem 2. Brief des Paulus an die Korinther und bezeichnet dort den »Engel Satans«, der die Überheblichkeit verhindert und so auf die Gnade Gottes verweist (2. Kor. 12, 7). Zwar spricht Heidegger von zwei Pfählen, doch genauer betrachtet gehören die beiden Momente seines Lebens, die er hier nennt, zusammen: »Mißlungen« ist das Rektorat – oder besser: das philosophisch-politische Programm, für das hier die Chiffre »das Rektorat« steht – ja nicht zuletzt als der Versuch einer »Auseinandersetzung mit dem Glauben der Herkunft«. Es ist misslungen, mit dem Tod Gottes »Ernst zu machen« und die Erfahrung der »Verlassenheit des heutigen Menschen« in einen politischem Aufbruch zu »ständiger Weltungewißheit« zu realisieren; der Versuch, im politischen Aufbruch den möglichen Beginn einer »Auseinandersetzung [...] mit dem absterbenden Geist des Christentums« (HBBr, 60) zu verorten, hat sich nicht aufrechterhalten lassen. Damit ist der Weg zu einem realisierbaren neuen Anfang jenseits der alten Welt verschlossen. Verschlossen ist natürlich weiterhin die Rückkehr zum »Glauben der Herkunft«, der dieser alten Welt angehört; aber der Anspruch, der mit diesem Glauben artikuliert ist, lässt sich nicht einfach aufkündigen, ohne in den prekären Gestus der Selbstbehauptung zu verfallen.

Heideggers offenes Eingeständnis, mit dem Rektorat und also mit seinen philosophisch-politischen Ambitionen gescheitert zu sein, sollte nicht mit einer Abkehr vom Nationalsozialismus gleichgesetzt werden. Was ihn in den Monaten seines Rektorats gestört hatte, war nicht der Nationalsozialismus als ›Bewegung‹ und Programm, sondern dessen alltägliche Realität, die Heidegger als kleinbürgerlich wahrnahm. In den ›Schwarzen Heften‹ finden sich zahlreiche Bemerkungen, in denen Heidegger mit sarkastischem Ton die Banalität des nationalsozialistischen Alltags beklagt. So ist von der »schnalzenden Eintracht einer närrischen Mittelmäßigkeit« die Rede, »deren Lärm sie dann für Gefolgschaft halten« (GA 94, 164). Die Verselbständigung der »Organisation« als der »durchgängigen Verschalung aller Dinge« wird beklagt (GA 94, 171), ebenso die »jetzt übliche ›sozialistische‹ Herabsetzung alles Höheren und Einzigen« (GA 94, 181). Und immer wieder spürt man die Bitterkeit dessen, der nicht zum Zuge gekommen ist: »Wildgewordene Volksschullehrer, stellungslose Techniker und versetzte Kleinbürger – als die Hüter des ›Volkes‹ – als jene, die Maßstäbe setzen wollen« (GA 94, 187); während man auf den, der nach eigener Überzeugung Maßstäbe setzen könnte, nicht hört. Noch in der Nachkriegszeit sieht Heidegger seinen »Irrtum« allein darin, »daß die Funktionäre nicht als Funktionäre erkannt wurden« und diese sich »alsbald als kleinbürgerliche Cäsaren« aufspielten (GA 97, 147). Demgegenüber hält Heidegger an der Berechtigung seines »Versuchs«, es mit dem Nationalsozialismus zu wagen, fest. Dieser Versuch bleibe »eine Entscheidung, die wesentlicher war als alles Danebenstehen und Naserümpfen derer, die es von ihrer ›christlichen‹ oder ›liberalen‹ oder ›konservativen‹ oder auch ›sozialdemokratischen‹ Partei her ›besser‹ wußten, um dann schließlich Jahre hindurch sich aushalten zu lassen von dem ›Verruchten‹ System« (GA 97, 147). Diese Sätze sind nicht nur zynisch gegenüber den Gegnern des nationalsozialistischen Regimes. Sie zeigen auch Heideggers Unfähigkeit, einen Irrtum – und sei es auch nur sich selbst gegenüber – zuzugeben. Und sie zeigen schließlich, dass die Gegner für ihn im Vergleich mit den frühen 1930er Jahren die gleichen geblieben sind: Liberale, Konservative (einschließlich der Katholiken), Sozialdemokraten – früher waren es die Kommunisten gewesen.

In den 1930er Jahren war allerdings noch eine andere ebenso pauschal verstandene Gruppe hinzugekommen: die Juden. Die ›Schwarzen Hefte‹ enthalten etliche antisemitische Aufzeichnungen, die mit der Aufnahme der ›Schwarzen Hefte‹ in die Gesamtausgabe dem Werk Heideggers zuzurechnen sind. Diese Aufzeichnungen sind wohl erst seit Ende der 1930er Jahre entstanden; die meisten von ihnen gehören zu Heideggers Versuch einer Geschichtsdeutung und lassen erkennen, wie Heidegger sein Geschichtsverständnis im Kontrast zu profilieren versucht. Insofern erfüllen die Aufzeichnungen die von Nietzsche in der ersten Abhandlung seiner Schrift *Zur Genealogie der Moral* beschriebene Struktur des Ressentiments: Andere müssen schlechter sein als man selbst, damit man sich selbst als besser fühlen und darstellen kann. In diesem Sinne ist von der »Bodenlosigkeit« die Rede, »die an nichts gebunden ist und sich alles dienstbar macht (das Judentum)«. Das »Bodenlose« schließe sich selbst aus, »weil es das Seyn nicht wagt, sondern immer nur mit dem Seienden rechnet und seine Berechnungen als das Wirkliche setzt« (GA 95, 97). Mit der infamen Unterstellung, dass die Entrechteten und Verfolgten sich selbst ausschlössen, suggeriert Heidegger, er allein halte im »Kampf« um die Geschichte des Seyns die wahre und wesentliche Stellung, um »durch einen weiten fragenden Vorsprung den Menschen in die Geschichte« zu retten (GA 95, 96). Weil er sich nicht mehr ohne Weiteres im nationalsozialistischen ›Aufbruch‹ des deutschen Volkes situieren kann, stilisiert Heidegger, durchaus im Sinne des nationalsozialistischen Antisemitismus, die Verfolgten zu Gegnern, um seine geschichtliche Stellung und mit ihr die vermeintliche Wesentlichkeit seines Denkens zu bestimmen.

Zumindest für die Profilierung seines Denkens hätte Heidegger diesen vermeintlichen Gegner überhaupt nicht gebraucht. Das rechnende Denken, dem Heidegger pauschal und klischeehaft das »Judentum« zurechnet, hat er in seiner im Wintersemester 1935/36 gehaltenen Vorlesung *Die Frage nach dem Ding* (GA 41) allein als Konsequenz der mit der Philosophie Platons bereits einsetzenden ›Metaphysik‹ beschrieben. Wenn er nun die »Metaphysik des Abendlandes« als Grund für »die zeitweilige Machtsteigerung des Judentum« ausgibt, derart, dass sie »für das Sichbreitmachen einer sonst leeren Rationalität und Rechenfähigkeit« eine »Ansatzstelle« geboten habe, so geht es ihm offenbar darum, das rechnende Denken als Gegner zu personalisieren; der anonyme Vorgang eines Wandelns im Denken und Wissen bekommt die gestaltlose Gestalt eines im Ressentiment konstruierten Kollektivs. Das hat den besonders abstoßenden Nebeneffekt, dass Heidegger in seiner antisemitischen Polemik meint, auch seinen Lehrer Husserl dem ›rechnenden Denken‹ zuschlagen zu können, indem er seine frühere kritische Auseinandersetzung mit Husserls Philosophie zur »Entscheidung zwischen dem Vorrang des Seienden und der Gründung der Wahrheit des Seyns« stilisiert (GA 96, 46). Heidegger wird gewusst haben, dass Husserl in seinen späten Jahren bis zu seinem Tod 1938 an einer kritischen Auseinandersetzung mit dem ›rechnenden Denken‹ arbeitete, die vor allem in seiner Schrift *Die Krisis der europäischen Wissenschaften und die transzendentale Phänomenologie* (Husserliana Band 6) ausgearbeitet ist.

Auch Heideggers Neuorientierung mit Hölderlin behebt seine geschichtliche Situationslosigkeit nicht. Sie ist vielmehr ein Versuch, die Geschichte ohne Verortung in der Gegenwart zu verstehen, allein als Spanne und Spannung zwischen Gewesenheit und Zukunft. Hölderlin ist, wie Heidegger es in seinem Vortrag aus dem Jahr 1936 sagt, der Dichter »der entflohenen Götter und des kommenden Gottes« (GA 4, 47); Hölderlin ist damit zugleich der Dichter einer gottlosen und darin »dürftigen« Zeit: der Gegenwart als der unerfüllten Zwischenzeit zwischen der Götterflucht und dem vorenthaltenen Kommen »des Gottes«. So sagt Hölderlins Dichtung jetzt für Heidegger, was an der Zeit ist.

Man kann es überraschend finden, dass Heidegger nun ungeschützt und vorbehaltlos von »den Göttern« und »dem Gott« spricht. Der Hinweis darauf, dass Heidegger, wo er so spricht und schreibt, Dichtungen auslegt, statt philosophische Gedanken zu entfalten, dürfte als Erklärung dafür nicht hinreichend sein. Die *Beiträge zur Philosophie*, Heideggers Hauptwerk der 1930er Jahre, schließen mit einem Kapitel, das bereits in der Überschrift den »letzten Gott« nennt, und auch in Heideggers späteren Texten ist ohne jede Brechung von »dem Gott« und »den Göttlichen« die Rede.[24] Die Rede von »dem Gott« und »den Göttern« oder »den Göttlichen« ist offenbar philosophisch ernst gemeint. Doch wie sie gemeint ist, lässt sich nur klären, wenn man sich auf Heideggers Hölderlin-Interpretation in ihren Grundlinien einlässt.

Als ob er die Kritik von Jaspers am Zeitgemäßen der Rektoratsrede noch im Ohr hätte, gibt Heidegger gleich zu Beginn seiner Hölderlin-Vorlesung an, was von ihr zu erwarten ist und was nicht: »Es soll nicht etwas Griffiges und Gangbares für Tagesbedürfnisse angeboten und gar die Vorlesung damit in Empfehlung gebracht werden, so daß die verderbliche Meinung entstehen könnte, wir wollten Hölderlin eine billige Zeitgemäßheit verschaffen. Wir wollen nicht Hölderlin unserer Zeit gemäß machen, sondern im Gegenteil: wir wollen uns und die Kommenden unter das Maß des Dichters bringen.« (GA 39, 4) Es soll, wie es wenig später heißt, »unser Dasein zum Lebensträger der Macht der Dichtung« (GA 39, 19) werden.

Heidegger formuliert hier eine strikte Alternative: Entweder die Dichtung wird »zeitgemäß« gemacht, oder man bringt sich unter ihr Maß; entweder man orientiert sich an den »Tagesbedürfnissen«, oder man wird im Dasein zum Lebensträger der Dichtung in ihrer Macht. Allein Letzteres wäre angemessen, wenn eine Dichtung in ihrer Besonderheit sich den Tagesbedürfnissen und den an ihnen orientierten Deutungsversuchen widersetzte; und Letzteres wäre geboten, wenn die eigene Zeit sich ohne die Dichtung noch nicht einmal artikulieren ließe.

So aber sieht es für Heidegger aus: »Unsere eigene geschichtliche Zeit kennen wir nicht. Die Weltstunde unseres Volkes ist uns verborgen. Wir wissen nicht, wer wir sind, wenn wir nach unserem Sein, dem eigentlich zeitlichen, fragen.« (GA 39, 50) So muss es sein, wenn zu dieser Gegenwart wesentlich eine Zukunft gehört, aus der allein sie sich erhellen kann, weil sich mit ihr auch erst die Gewesenheit bestimmt; so muss es sein, wenn die Gegenwart sich nur in einem Seinsentwurf kennen lässt und ein souveräner, sich selbst behauptender Seinsentwurf unmöglich geworden ist. Dann muss man sich den Seinsentwurf durch die »unzeitgemäße« Dichtung vorgeben lassen.

Dass Heidegger die Dichtung als Seinsentwurf versteht, weiß man schon aus seiner Platon-Vorlesung des Wintersemesters 1931/32. Doch hat sich seitdem der Stellenwert der Dichtung ebenso verändert wie seine Konzeption des Seinsentwurfs. Die Dichtung macht nicht mehr nur »das Seiende seiender«, indem sie es im Zusammenhang des Unbestimmten eigens zur Sprache bringt. Sie ist nunmehr der eigentliche und einzig mögliche Entwurf des Seins auf die Zeit. So ist die Dichtung Hölderlins, auf die allein

Heidegger sein Nachdenken über die Dichtung bezieht, »eine Zeitentscheidung im Sinne der ursprünglichen Zeit der Völker« (GA 39, 51). Doch »Zeitentscheidung« oder Seinsentwurf ist Hölderlins Dichtung nicht als Entwurf einer neuen Welt, sondern darin, dass sie die Gegenwart, so wie sie ist, auf Gewesenheit und Zukunft hin öffnet.

Das wiederum soll geschehen, indem Hölderlins Dichtung die Flucht der Götter und das vorbehaltene Kommen des Gottes zur Sprache bringt. Die Flucht der Götter verweist auf die Gewesenheit und das vorbehaltene Kommen des Gottes auf die Zukunft. So darf man sagen, dass die Götter und der Gott für Heidegger Chiffren der Gewesenheit und der Zukunft sind.

Der Grund dafür, dass Gewesenheit und Zukunft in den Chiffren der Götter und des kommenden Gottes zur Sprache kommen müssen, ist der problematische Charakter der Selbstbehauptung: Dass die Götter gewesen sind, heißt nicht, dass es sie zu einer historisch bestimmbaren Zeit einmal gegeben hat, sondern dass man sich noch nicht einmal atheistisch verstehen kann, ohne von ihnen zu sprechen; die Rede von den Göttern bildet ein integrales Moment des Selbstverstehens auch dann, wenn man nicht mehr an sie glaubt. Wollte man mit dem »Tod Gottes« in einer Selbstbehauptung des Menschen Ernst machen, so wäre diese Selbstbehauptung allein schon dadurch bodenlos, dass sie an etwas gebunden bliebe, dem sie sich nicht mehr stellen will. Dass das Kommen »des Gottes« zukünftig vorbehalten ist, heißt nicht, mit diesem Kommen sei in irgendeiner Weise zu rechnen oder es sei daran zu glauben. Wenn Heidegger vom »kommenden Gott« spricht, so hat das nicht den Status einer Verkündigung. Der »kommende Gott« ist anonym; er ist kein Gott einer Offenbarung, und er kann es nicht sein, weil nach Heideggers Überzeugung alle Offenbarungen zum Gewesenen gehören; zu den gewesenen Göttern gehört bei Heidegger – und ebenso bei Hölderlin – auch der christliche. Dem zukünftig vorbehaltenen Kommen des Gottes kann darum auch nicht die Erwartung eines Verheißenen entsprechen. Die Rede vom »kommenden Gott« soll einen Aspekt der Gegenwart zu verstehen geben, dies nämlich, dass die Gegenwart nicht ohne den »Vorbehalt« der Zukunft zu denken und eigentlich zu erfahren ist – ebenso wenig wie auch ohne die »Verweigerung« des »Gewesenen«, so dass es verwehrt und verweigert ist, sich noch den »alten Göttern« zu unterstellen. In einem späten Vortrag, der den Titel aufnimmt, den der dritte Abschnitt des ersten Bandes von *Sein und Zeit* hätte tragen sollen, *Zeit und Sein* aus dem Jahr 1962 (GA 14), wird Heidegger die Gewesenheit selbst als »Verweigerung« und die Zukunft selbst als »Vorenthalt« bestimmen.

In Heideggers Interpretation der Dichtung Hölderlins kommen Verweigerung und Vorenthalt so zur Sprache, dass sie in einem Verhältnis zur Problematik von Selbstbehauptung und Gotteserfahrung stehen. Indem die Götter als das Verweigerte und der kommende Gott als das Vorenthaltene genannt werden, macht die so verstandene Dichtung die Bodenlosigkeit der Selbstbehauptung kenntlich. Das wiederum vermag sie, weil Verweigerung und Vorenthalt ihrer eigentümlichen Sprachform entsprechen. Wenn Hölderlin, wie Heidegger ihn liest, von den Göttern und dem kommenden Gott dichtet, so evoziert er keine Vorstellungen, die sich in Begriffe übersetzen und derart erklären ließen. Dichtung ist dann keine Kunstreligion im Sinne der Hegelschen Ästhetik: In ihr ist kein Absolutes, das auch philosophisch artikuliert werden könnte, in Bilder gefasst. Vielmehr spricht die Bildersprache der Dichtung als solche das Entzogene unmittelbar aus.

Weil Heidegger die Dichtung Hölderlins so liest, kann er darauf hinweisen, man solle nicht versuchen, »in dem Bildzusammenhang unserer Dichtung [...] nach seiner größtmöglichen verdeutlichenden Kraft Ausschau [zu] halten, sondern umgekehrt«

müsse man ihn »in seiner verhüllenden Kraft anzueignen versuchen« (GA 39, 119); und zuvor heißt es: »Nicht verdeutlichen soll das Bild, sondern verhüllen, nicht geläufig machen, sondern selten, nicht näherbringen, sondern in die Ferne stellen.« (GA 39, 116) Das kann die Philosophie offenbar nicht: Begriffliche Bestimmungen, wie schwer sie auch zu verstehen sein mögen, sind doch immer dem Anspruch der Verständlichkeit unterstellt und können so das Entzogene nicht als solches zur Sprache bringen. Und wenn das Entzogene das Verweigerte und das Vorenthaltene ist, so kann die Philosophie auch keine geschichtliche Zeit eröffnen; philosophisch ist es unmöglich, in eine besondere geschichtliche Zeit zu versetzen, weil die Philosophie immer nur allgemeine Bestimmungen der Zeit geben kann. Sie kann zwar aufzeigen, was es heißt, sich zeitlich und damit auch geschichtlich zu verstehen. Damit aber führt die Philosophie nur auf eine klare Zeiterfahrung hin; sie kann in eine Zeiterfahrung nur einweisen, die als geschichtlich besondere in der Dichtung eröffnet ist.

Die Dichtung, wie Heidegger sie versteht, vermag in eine bestimmte Zeit zu versetzen, weil »die Stimme« des »dichterischen Sagens gestimmt« ist und »der Dichter aus einer Stimmung spricht, welche Stimmung den Grund und Boden be-stimmt und den Raum durchstimmt, auf dem und in dem das dichterische Sagen ein Sein stiftet« (GA 39, 79). Heidegger will damit nicht sagen, die Dichtung sei Ausdruck von Gefühlen. Er macht sich vielmehr den Doppelsinn des Wortes zunutze: Stimmung bedeutet sowohl »Gemütslage« wie auch »Tonlage«. Wenn es heißt, die »Stimme« des Dichters müsse »gestimmt« sein, so ist dabei also auch an die Stimmung eines Instrumentes zu denken, daran, dass die gespannten Saiten zum Beispiel einer Geige in einem eindeutigen Verhältnis zueinander stehen müssen, damit das Instrument harmonisch klingen kann. In diesem Sinne spricht Heidegger auch vom »Schwingungsgefüge des Sagens« (GA 39, 15) und meint damit den ebenso schwer fassbaren wie unbestreitbaren Ton eines Gedichtes, den Rhythmus seiner Sprache, die Stimmigkeit seiner Bilder und deren Abfolge. Hat man ein Ohr für dichterische Sprache, wird man entdecken, dass beispielsweise ein Hexameter anders klingt als ein Jambus oder ein Trochäus, und ebenso, dass der jeweils besondere Klang jeweils anders erfahren wird und so in eine besondere »Stimmung« versetzt. Zu dieser Stimme gehört auch das Gesagte.

Ein Gedicht evoziert außerdem nicht einfach bestimmte Vorstellungen, sondern bringt Einstellungen zur Sprache – ein Gedicht ist Klage oder Lobpreis, Ermutigung oder Erwartung. Und es ist umso mehr Gedicht, je weniger die in ihm artikulierte Einstellung in einen vorgegebenen Lebenszusammenhang gehört und aus diesem verständlich gemacht werden kann; ein Gedicht ist gleichsam eine Einstellungspartitur, die immer wieder neue Aufführungen zulässt und sogar fordert. Gewiss kann ein Gedicht mehr als nur eine Einstellung zur Sprache bringen, und oft ist das auch so. Dann aber gehört das Zusammenspiel der im Gedicht zur Sprache gebrachten Einstellungen mit in sein »Schwingungsgefüge«, ja, es macht dieses Schwingungsgefüge sogar wesentlich aus.

Sofern Einstellungen in sich Zeitcharakter haben – an Klage und Erwartung ist das unmittelbar einsichtig –, hat ein Gedicht dadurch, dass es eine Einstellungspartitur ist, auch den Charakter einer Zeiterfahrungspartitur. So verstanden, artikuliert ein Gedicht eine bestimmte, gewiss oft sehr komplexe Zeiterfahrungsmöglichkeit. Und da es diese als Einstellungspartitur artikuliert, muss es auch das, worauf die Einstellungen gerichtet sind, zur Sprache bringen. Lob und Klage beziehen sich immer auf etwas oder jemanden.

Das führt auf Heideggers Verständnis von Hölderlins Dichtung zurück. Heidegger liest diese Dichtung als Einstellungspartitur besonderer, nämlich besonders umfassender Art: als Möglichkeit, die ihr eigene Gegenwart in einer geschichtlichen Zeit zur Sprache zu bringen. Indem die Verweigerung, die in der Gewesenheit liegt, und der Vorenthalt, der die Zukunft ausmacht, im Nennen der Götter und des Gottes zur Sprache kommen, ist eine der so eröffneten Zeit entsprechende Einstellung möglich geworden – eine Einstellung, die mit der Unverfügbarkeit des Göttlichen wesentlich der Unverfügbarkeit von Zukunft und Gewesenheit Rechnung trägt. Indem die Zeit mit den Chiffren der Götter und des Gottes zur Sprache kommt, kann sie selbst in bestimmter Weise artikuliert und erfahren werden.

Was derart aus Hölderlins Dichtung für Heidegger spricht, ist »heilig trauernde, aber bereite Bedrängnis« (GA 39, 139). Es ist der Verzicht auf die gewesenen Götter, der ihre »Göttlichkeit« bewahrt und damit »die entschlossene Bereitschaft für das Erharren des Göttlichen« ist.

Das ist in Heideggers Hölderlin-Lektüre der entscheidende Punkt: Die Götterferne, die Hölderlins Dichtung zur Sprache bringt, wird als eine eigene Erfahrung des »Göttlichen« verstanden. Deshalb kann Heidegger ihre Grundstimmung auch »heilig« nennen. So verstanden, schließt die Grundstimmung von Hölderlins Dichtung die Möglichkeit der Selbstbehauptung aus. Mit Hölderlin, *seinem* Hölderlin, hat Heidegger eine Möglichkeit gefunden, die für die Rektoratsrede bestimmende Grundfigur der Selbstbehauptung zu überwinden. Doch Heidegger hat auch eine Möglichkeit gefunden, das Verhältnis zur Religion, wie es ihn schon in der Habilitationsschrift und der Aristoteles-Skizze beschäftigte, neu zu formulieren, indem er den Verzicht auf die Unmittelbarkeit religiöser Erfahrung mit ihrer Bewahrung in Einklang bringt. Wie zentral das für Heideggers späteres Denken ist, dokumentieren die *Beiträge zur Philosophie*, indem sie auf das Kapitel mit der Überschrift »Der letzte Gott« hin komponiert sind. Bereits im zweiten Abschnitt dieses Kapitels heißt es:

»Wir rücken in den Zeit-Raum der Entscheidung über die Flucht und Ankunft der Götter. Aber wie dies? Wird das Eine oder das Andere künftiges Geschehnis werden, muß das Eine oder das Andere die bauende Erwartung bestimmen? Oder ist die Entscheidung der Eröffnung eines ganz anderen Zeit-Raumes für eine, ja die erste gegründete Wahrheit des Seyns, das Ereignis? Wie, wenn jener Entscheidungsbereich im Ganzen Flucht oder Ankunft der Götter, eben das Ende selbst wäre? Wie, wenn darüber hinaus das Seyn erstmals in seiner Wahrheit begriffen werden müßte als die Ereignung, als welche sich Jenes ereignet, was wir die Verweigerung nennen? Das ist weder Flucht noch Ankunft, auch nicht sowohl Flucht als auch Ankunft, sondern ein Ursprüngliches, die Fülle der Gewährung des Seyns in der Verweigerung. Hierin gründet der Ursprung des künftigen Stils, d.i. der Verhaltenheit in der Wahrheit des Seyns.« (GA 65, 405)

Flucht und Ankunft sind demnach keine Alternativen, die in der Zukunft bevorstehen, sondern die Flucht ist selbst die Weise der Ankunft. Die Götter »kommen an«, *indem* sie sich entziehen, und dieses, das Spiel von Ankommen und Sichentziehen, macht den »Zeit-Raum der Entscheidung« aus. Gerade indem die Frage »Flucht oder Ankunft« offenbleibt, kann die Flucht eine Ankunft sein. Die Flucht ist dann eine Ankunft, wenn sie als Flucht ausdrücklich erfahren und ausgehalten wird. Dann greift, wie Heidegger wenig später in den *Beiträgen* ausführt, das Gewesene ins Künftige über (GA 65, 411); das Aushalten der Gewesenheit schlägt derart in die Zukunft um, dass die »Verweigerung« des Gewesenen für die Gegenwart nun auch die Zukunft offen sein lässt und in der Zukunft verbindlich bleibt. Der »Entscheidungsbereich im Ganzen« ist »selbst das Ende«: Es geht für Heidegger nicht darum, das zukünftige Erscheinen eines Gottes zu erwarten, sondern aus dem Verlust der Götter und in ihm die immerwährende Zukünftigkeit des Göttlichen zu erfahren. Darin, dass die Gewesenheit der Götter ausgehalten wird, ist die eigene Zukunft nichts anderes als ein Aushalten des Göttlichen; dieses Aushalten und der zukünftige Vorenthalt sollen einander entsprechen und darin die eigentliche Erfahrung der Zeit sein. Die derart erfahrene Zeit ist »Zeit-Raum«; sie macht, wie in *Sein und Zeit*, die Offenheit des Daseins aus, aber so, dass diese Offenheit nun eine – durch das Verhältnis zu den Göttern – bestimmte ist; es ist eine geschichtliche Offenheit, die Offenheit in der Gewesenheit der Götter, im gegenwärtigen Aushalten ihrer Flucht und derart im zukünftigen Vorenthalt des Göttlichen. Als dieser Zeit-Raum ist die Zeit das Zusammenspiel von Präsenz und Absenz – die gewesenen Götter sind als abwesende präsent, ihre Präsenz ist nicht anders als in der Abwesenheit. So nimmt Heidegger seinen Gedanken der »Praesenz« auf, den er bereits in der Grundprobleme-Vorlesung bei der Erörterung der Temporalität formuliert hatte und der auch im Hintergrund seiner Konzeption des Seinsentwurfs aus der Erfahrung der Zeit überhaupt stand. Jedoch wird die »Praesenz«, die Anwesenheit und Abwesenheit umfasst, nun nicht mehr als Horizont der Gegenwart verstanden, sondern als Grundzug von Zeit überhaupt. Die Zeit überhaupt kann Heidegger nun auch in ihrer Geschichtlichkeit anders fassen in der Platon-Vorlesung. Sie ist nicht mehr nur das Ermöglichende einer Zeitentscheidung, sondern als das Ermöglichende spielt sie in der Zeiterfahrung selbst; nun kann Heidegger sagen, dass die Zeit als das Zusammenspiel von Präsenz und Absenz geschieht oder sich ereignet. Das Zusammenspiel von Präsenz und Absenz ist »das Ereignis«; es ist die »Wahrheit des Seyns«, sofern die Offenheit des »Seyns« selbst Un-verborgenheit ist, also Offenheit, in der die Verbergung spielt. Das sich »ereignende« Sein schreibt Heidegger nun öfter als »Seyn«, um es vom »Sein« der traditionellen Ontologie, aber auch der Fundamentalontologie von *Sein und Zeit* abzuheben.

Der modifizierten Konzeption der Zeit, wie sie sich an Heideggers Hölderlin-Deutung verdeutlichen ließ, entspricht ein neues Verständnis des Seinsentwurfs. Seinsentwurf ist die Dichtung nicht mehr im Sinne eines historischen Aufbruchs, sondern nur noch im Sinne eines Einbruchs der Zeit, in der das Gegenwärtige ohnehin schon steht. Die Gegenwart ist keine »neue Zeit«, in der ein Bruch mit dem Alten vollzogen wird, sondern durch die Dichtung kann die Gegenwart, wie Heidegger denkt, so wie sie ist, eigens erfahren werden. Durch die »Zeitentscheidung« Hölderlins hat sich nicht wirklich etwas verändert. Der in ihr geschehene Aufbruch ist vollkommen unspektakulär und vor allem nicht »zeitgemäß«. Er stiftet keine neue Zeit, sondern die Zeit neu.

Durch seine Beschäftigung mit Hölderlins Dichtung wandelt sich für Heidegger auch die Aufgabe der Philosophie. Philosophisch kommt es nicht mehr darauf an, einen wirklichen Aufbruch aus dem Anfang zu fordern, philosophisch im Denken des Anfangs zu ermöglichen. Die Philosophie, wie Heidegger sie in der Hölderlin-Vorlesung versteht, soll nur noch ein »unscheinbares Hinzeigen« sein, »das alsbald wieder verschwunden sein wird, sobald Jenes sicher in Blick und Herz gefaßt wird, wohin der Hinweis weisen will. Was wir dazu tun, ist allenfalls so wie Baugerüste am Münster, die nur dazu da sind, wieder abgebrochen zu werden.« (GA 39, 23)

Trotz aller Zurückgenommenheit ist diese Charakterisierung der Philosophie immer noch anspruchsvoll genug. Die Bezogenheit von Hölderlins Dichtung auf die Gegenwart liegt nicht offen zutage, und so »unscheinbar« ist das philosophische Hinweisen nicht, wenn mit ihm die Gegenwart unter das Maß der Dichtung gestellt werden soll; es ist allein das philosophische Denken Heideggers, das Hölderlins Dichtung als Zeitentscheidung auf die Gegenwart bezieht.

Indem die Philosophie sich von der Dichtung sagen lässt, was die Zeit ist, sagt sie ihrer eigenen Gegenwart die Zeit, und zwar so, dass diese Zeit in der Erfahrung des dichterischen Möglichkeitsraumes als die eigene eingerichtet werden kann. Zwar klingt damit die Position der Rektoratsrede noch an. Aber von einer zweiten und allein wahrhaft entscheidenden Revolution im Vergleich zur ersten griechischen ist jetzt nicht mehr die Rede.

Gleichwohl hält Heidegger an seinem Programm einer nationalen, genauer: exklusiv nationalen und damit nationalistischen Daseinsauslegung fest. Hölderlin, so liest man, sei »der Dichter der Deutschen«, aber dies nicht im Sinne eines Genitivus subiectivus, sondern im Sinne eines Genitivus obiectivus: »Der Dichter, der die Deutschen erst dichtet« (GA 39, 220). Und wenig später fügt er hinzu: »Aber noch sind wir ohne Dichtung.« (GA 39, 221) Nur die Deutschen können, wenn man Heidegger folgt, von Hölderlin ›gedichtet‹ werden und sich als »ursprüngliche Gemeinschaft« entdecken. Dichtung, so denkt Heidegger, sei »die Erweckung und der Zusammenriß des eigensten Wesens des Einzelnen, wodurch er in den Grund seines Daseins zurückreicht. Kommt jeder Einzelne von dorther, dann ist die wahrhafte Sammlung der Einzelnen in eine ursprüngliche Gemeinschaft schon im voraus gesehen. Die grobe Verschaltung der Allzuvielen in einer sogenannten Organisation ist nur eine behelfsmäßige Vorkehrung, aber nicht das Wesen.« (GA 39, 8) Was der nationalsozialistische ›Aufbruch‹ nicht konnte, soll nun die Aufgabe von Hölderlins Dichtung sein. Aus dieser soll sich dann eine ihr entsprechende staatliche Ordnung ergeben können. In der Hölderlin-Vorlesung heißt es dazu:

»Die Grundstimmung, und das heißt die Wahrheit des Daseins eines Volkes, wird ursprünglich gestiftet durch den Dichter. Das so enthüllte Seyn des Seienden aber wird als Seyn begriffen und gefügt und damit erst eröffnet durch den Denker, und das so begriffene Seyn wird in den letzten und ersten Ernst des Seienden, d.h. in die be-stimmte geschichtliche Wahrheit gestellt dadurch, daß das Volk zu sich selbst als Volk gebracht wird. Das geschieht durch die Schaffung des seinem Wesen zu-bestimmten Staates durch den Staatsschöpfer.« (GA 39, 144)

Der Gedanke der Gründung einer Gemeinschaft aus der Dichtung ist wenig überzeugend; erst recht kann er in der Allgemeinheit, in der Heidegger ihn formuliert, nicht einleuchten. Gründen Goethe oder Rilke, Baudelaire oder T.S. Eliot eine staatlich einzurichtende Gemeinschaft? Selbst Stefan George, der viel von Gemeinschaftsgründung hielt, wäre nicht auf den Gedanken gekommen, dass diese eine staatlich verfasste Volksgemeinschaft sein könnte. Bezeichnenderweise spricht Heidegger immer nur von einem einzigen Dichter, von Hölderlin. Aber ist es Hölderlin, von dem er spricht. Es ist nur ein besonderer Aspekt, den er an Hölderlins Dichtung in den Blick nimmt, um so sein eigenes Geschichtsverständnis mit Hölderlin zu artikulieren oder dieses Geschichtsverständnis durch Hölderlin artikulieren zu lassen. Heideggers Blick auf Hölderlin ist eigentümlich eng.

In einer Hinsicht jedoch nimmt Heidegger die Dichtung als solche ernst – darin, dass er sie als eine ganz und gar unersetzbare Möglichkeit der Welterfahrung versteht; Dichtung öffnet die Welt allein im Wort, im bloßen Zeigen, das kein Begreifen und erst recht kein Verfügen ist. So kann sie für Heidegger ein Seinsentwurf ganz eigener Art und jenem Seinsentwurf entgegengesetzt sein, der mit den Hinweisen auf die »Verschaltung« und »Organisation« schon angesprochen wurde. Sofern sie nicht in der Offenheit von Zukunft und Gewesenheit steht, hat die Gegenwart für Heidegger den Charakter eines Seinsentwurfs, der im Voraus ein Bild des Seienden gibt, auf das hin das Seiende dann in die »Machenschaft« genommen wird. Dieses Selbstverständnis der Gegenwart ist der Seinsentwurf der totalen Mobilmachung.

Totale Mobilmachung und Nihilismus: Die Gefahr und das Rettende

Die totale Mobilmachung ist der Titel eines Aufsatzes von Ernst Jünger aus dem Jahr 1930. In seinem Kern ist dieser Aufsatz die Diagnose eines Wandels in der Kriegsführung, der mit dem Ersten Weltkrieg zum ersten Mal in Erscheinung getreten ist. Während Kriege zuvor, dem klassischen und oft zitierten Satz von Clausewitz zufolge, als die Fortsetzung der Politik mit anderen Mitteln gelten konnten und derart dem Planungs- und Entscheidungsbereich der Politik unterstanden, ist es, wie Jünger zeigen will, seit dem Ersten Weltkrieg so, dass die Staaten sich als ganze unter dem Gesichtspunkt der Angriffs- und Verteidigungsfähigkeit organisieren; dies wiederum deutet Jünger als Symptom einer tiefgreifenden Veränderung aller menschlichen Lebensverhältnisse:

»Die Erscheinungen, die das bedingen, sind mannigfach. So schwindet mit der Verwischung der Stände und der Beschneidung der Privilegien des Adels zugleich der Begriff der Kriegerkaste dahin; die bewaffnete Vertretung des Landes ist nicht mehr die Pflicht und das Vorrecht des Berufssoldaten allein, sondern sie wird zur Aufgabe der Waffenfähigen überhaupt. So macht es die ungeheure Vermehrung der Kosten unmöglich, die Führung des Krieges aus einem festen Kriegsschatz zu bestreiten; es ist vielmehr die Anspannung aller Kredite, die Erfassung auch des letzten Sparpfennigs notwendig, um die Maschinerie im Gang zu erhalten. So fließt auch das Bild des Krieges als einer bewaffneten Handlung immer mehr in das weitgespannte Bild eines gigantischen Arbeitsprozesses ein. Neben den Heeren, die sich auf den Schlachtfeldern begegnen, entstehen die neuartigen Heere des Verkehrs, der Ernährung, der Rüstungsindustrie – das Heer der Arbeit überhaupt. In der letzten, schon gegen Ende dieses Krieges angedeuteten Phase geschieht keine Bewegung mehr – und sei es die einer Heimarbeiterin an ihrer Nähmaschine –, der nicht eine zum mindesten mittelbare kriegerische Leistung innewohnt. In dieser absoluten Erfassung der potentiellen Energie, die die kriegführenden Industriestaaten in vulkanische Schmiedewerkstätten verwandelt, deutet sich der Anbruch des Arbeitszeitalters vielleicht am sinnfälligsten an – sie macht den Weltkrieg zu einer historischen Erscheinung, die an Bedeutung der Französischen Revolution überlegen ist.«[25]

Von dieser Deutung des 20. Jahrhunderts war Heidegger tief beeindruckt, und entsprechend hat er versucht, sie auf seine Weise, in der mehr oder weniger offenen Auseinandersetzung mit Jünger, zu denken. Dabei greift er nicht nur auf den genannten Aufsatz zurück, sondern vor allem auf Jüngers 1932 erschienenes Buch *Der Arbeiter*, in dem Jünger seine Beobachtungen verfeinert und zu der These zusammenfasst, dass man es bei den Vorgängen der neueren Zeit mit der Herausprägung eines neuen Menschentypus, eben des »Arbeiters«, zu tun habe. Die politischen Gesichtspunkte, unter denen diese Herausprägung sich organisiert, sind dabei für Jünger sekundär. Für ihn macht es letztlich keinen Unterschied für die Gesamtentwicklung, ob die Arbeitsstaaten nationalistischen, bolschewistischen oder liberalen Musters sind; wie er denkt, sind das Übergangserscheinungen im Rahmen einer Veränderung des Planeten Erde im Ganzen, und dabei will er nicht ausschließen, dass die ungeheure Freisetzung von Arbeit und Energie am Ende zu einer neuen Weltordnung führt, von der man sich, orientiert am Bekannten, keine Vorstellung machen kann.

Diesen Kontext sollte man kennen, wenn man Heideggers Replik auf Jünger in den *Beiträgen zur Philosophie* verstehen will. Unter dem Titel *Die »totale Mobilmachung« als Folge der ursprünglichen Seinsverlassenheit* heißt es hier:

»Das reine In-Bewegung-setzen und die Aushöhlung aller bisherigen Gehalte der noch bestehenden Bildung. Der Vorrang des Verfahrens und der Einrichtung im Ganzen der Bereitstellung und In-Dienststellung der Massen – wozu? Was bedeutet dieser Vorrang der Mobilisierung? Daß dabei ein neuer Schlag des Menschen notwendig erzwungen wird, ist nur die Gegenfolge dieses Geschehens, aber niemals das ›Ziel‹. Aber gibt es noch ›Ziele‹? Wie entspringt Ziel-setzung? Aus Anfang. Und was ist Anfang?« (GA 65, 143)

Jünger hatte nicht gesagt, die Herausbildung eines »neuen Schlags des Menschen« sei das ›Ziel‹ der Entwicklung; das Ziel der Entwicklung ist für ihn die »Entdeckung einer neuen und unbekannten Welt – eine Entdeckung, vernichtender und folgenreicher als die Entdeckung Amerikas«[26]. Indem Heidegger nach einem Ziel des »reinen In-Bewegung-setzens« fragt und betont, die »Erzwingung« eines neuen Menschenschlags könne dieses Ziel nicht sein, bringt er bereits seine eigene Lesart von Jüngers Moderne-Deutung ins Spiel. Mit dieser Lesart wiederum verbinden sich zwei Fragen: einmal die Frage, ob es noch Ziele gibt, und zum anderen die Frage nach dem Ursprung der Zielsetzung. Während die erste Frage dem Versuch einer Gegenwartsdiagnose untersteht, geht es in der zweiten um die eine weitere Version von Heideggers philosophischem Programm, hinter die Wirklichkeit auf ihre Möglichkeit zurückzuführen und aus ihrer Möglichkeit zu verstehen, derart, dass die Wirklichkeit als vermeintlich sicherer Bestand abgebaut, ›destruiert‹ wird, damit so die Möglichkeit in den Blick kommen kann.

Die Frage, ob es noch Ziele gibt, beantwortet Heidegger eindeutig negativ, und warum er sie im Rahmen seiner Fragestellung so beantworten muss, ist leicht zu verstehen. Wenn wirklich von einem »Vorrang der Mobilisierung« gesprochen werden kann, dann hat jedes vorgegebene Ziel nur den Sinn, die Mobilisierung voranzutreiben, und es wird sinnlos, sobald es diesen Zweck nicht mehr erfüllt. Die Mobilisierung kann außerdem nicht in sich zielerfüllt sein; dann wäre sie, im Sinne der von Aristoteles gedachten enérgeia, eine Bewegtheit, die in jedem Moment vollendet wäre und als Bewegtheit diese Vollendetheit nur bestätigen könnte. Die Mobilisierung aber ist wesentlich unvollendet und deshalb rastlos. Wenn es so ist und die Gegenwart durch Mobilisierung bestimmt ist, dann gibt es »gegenwärtig« keine Ziele mehr, selbst wenn das dem Anschein widerspricht. Wenn alle Ziele vorläufig und nichts als neue Anlässe der Mobilisierung sind, so kann man durchaus Ziele haben, wenn es ›eigentlich‹ keine Ziele mehr gibt.

Dass »alle Ziele weg sind« (GA 65, 138), ist, wie Heidegger denkt, schon von Nietzsche gesehen worden. Der Begriff des Nihilismus, mit dem Nietzsche seine Gegenwart fassen will, besagt genau dies. Nietzsches Diagnose habe man »offen oder stillschweigend als teuflisch sich vom Leibe gehalten. Denn, so lautet die einleuchtende Überlegung: wo kämen wir hin, wenn das wahr wäre und wahr würde?« (GA 65, 139) Doch gerade diese Frage ist es, aus der Heidegger die gegenwärtige Orientierung an »Zielen« erklärt: Man »ahnt nicht, daß *eben diese Überlegung* bzw. die sie tragende Haltung und Verhaltung zum Seienden der eigentliche Nihilismus ist: man will sich die Ziel-losigkeit nicht eingestehen. Und deshalb ›hat‹ man plötzlich wieder ›Ziele‹ und sei es nur, daß, was allenfalls ein *Mittel* für die Zielaufrichtung und Verfolgung sein kann, selbst zum Ziel hinaufgesteigert wird: das *Volk* z.B.« (GA 65, 139) Die organisatorische Formierung einer Volksgemeinschaft im Nationalsozialismus ist so gesehen nichts anderes als ein nihilistisches Symptom,[27] dem Heidegger die Vorstellung des von Hölderlin ›gedichteten‹ deutschen Volkes entgegenstellt.

Allerdings kann der dichterische Seinsentwurf nur zur Geltung kommen, wenn es möglich ist, aus der nihilistischen Zielsetzung herauszufinden. Wenn das keine eigens bewirkte Überwindung im Sinne der Selbstbehauptung sein kann, muss man gleichsam von selbst in den dichterischen Seinsentwurf hineinfinden können, und das ist nur möglich, wenn der Nihilismus und der dichterische Seinsentwurf miteinander verbunden sind. Verbunden sind sie, wie Heidegger sagen würde, im »Seyn«, dessen Wesen die Zeit ist. Was sie im Zusammenhang von Heideggers Denken verbindet, ist die Zeit. Heidegger deutet das in der zitierten Replik auf Ernst Jünger mit der Frage nach dem Ursprung der Zielsetzung und mit dem Hinweis an, dieser Ursprung sei der Anfang. ›Anfang‹ ist die Zeit selbst, die Zeit, die durch das Zusammenspiel von Präsenz und Absenz charakterisiert ist, das wiederum in der Verweigerung der Gewesenheit und im Vorenthalt der Zukunft erfahren wird.

Die Zeit in diesem Sinne lässt sich als Ursprung der Zielsetzung verstehen: Wäre die Zukunft nicht offen, wäre sie kein Vorenthalt, so müssten keine Ziele entworfen werden. Ähnlich hatte Heidegger die Möglichkeit der Zielsetzung schon in *Sein und Zeit* begründet; weil die Zukunft die Zeitekstase des unbestimmten bevorstehenden Seins ist, kann man sich besondere Ziele setzen. Doch während sich in der Analyse des individuellen Daseins gezeigt hatte, dass es unumgänglich ist, bestimmte Handlungs- oder Verhaltensziele als Antworten auf das unbestimmte bevorstehende Sein zu fassen, und es nur darauf ankommt, diese im Licht ihres Möglichseins zu sehen, schließt Heideggers neue Konzeption die Möglichkeit einer solchen Antwort aus. Dass man »plötzlich wieder Ziele hat«, entspringt ja der eigenen »Ziel-losigkeit«, sie entspringt dem, »daß alle Ziele weg sind«. Wenn es keine Ziele mehr gibt, ist mit der Einsicht, dass das »Entwerfen« von Zielen seinen Ursprung in der Zeit hat, wenig geholfen. Vielmehr ist mit der »Ziel-losigkeit« selbst Ernst zu machen; das »Wissen vom Nihilismus« (GA 65, 141) muss, wie Heidegger schreibt, ausgehalten werden, und dies sei »das Unumgänglichste und Schwerste« in »der Überwindung des Nihilismus« (GA 65, 141).

Was das genauer heißen soll, hat Heidegger in der ersten seiner insgesamt sechs Nietzsche gewidmeten Vorlesungen, der Vorlesung aus dem Wintersemester 1936/37, formuliert: »Es gibt kein Ziel mehr, in dem und durch das alle Kräfte des geschichtlichen Daseins der Völker zusammengeschlossen und für das sie zur Entfaltung gebracht werden könnten; kein Ziel solcher Art, d.h. zugleich und vor allem, von einer solchen Macht, daß es kraft dieser das Dasein einheitlich in seinen Bereich zwänge und zur schaffenden Entfaltung brächte.« (GA 43, 194) Das wiederum soll heißen, dass es keinen Gott mehr gibt; Gott »als der übersinnliche Grund und das Ziel alles Wirklichen« (GA 5, 217) sei tot. Mit Heidegger müssten demnach alle Formen des Nihilismus, die expandierende Wissenschaft und die Technik, vor allem aber die sie umgreifende »totale Mobilmachung« der großen Industriestaaten, als unwahrhaftige und darin katastrophale Antworten auf die Erfahrung vom Tod Gottes begriffen werden. Damit widerruft Heidegger nicht seine Destruktion der christlichen Tradition, wie er sie bereits in der Skizze seines Aristoteles-Projekts unternommen hatte. Die Rede vom Tod Gottes gehört vielmehr selbst in den Rahmen einer Destruktion, die von der Gegenwart selbst wider Willen vollzogen wird. Mit dem Nihilismus ist, wie Heidegger denkt, offenbar geworden, dass alle Versuche, dem Leben durch seine Ausrichtung auf Gott ein Ziel zu geben, nichts anderes als Verstellungen der Gotteserfahrung gewesen sind.

Heidegger erläutert diesen Gedanken, indem er den Gott, dessen Tod der »tolle Mensch« im Aphorismus 125 der *Fröhlichen Wissenschaft* verkündet, den »übersinnlichen Grund und das Ziel alles Wirklichen« nennt. Dabei übersetzt Heidegger mit »Grund« und »Ziel« zwei zusammengehörende Grundbegriffe der griechischen Philosophie, »arché« und »télos«. Diese Grundbegriffe gehören für Aristoteles nicht nur deshalb zusammen, weil sie gleichsam die Eckpfeiler einer Bewegung bezeichnen, indem das eine Wort, arché, dasjenige nennt, worin eine Bewegung ihren Anfang hat, während das andere, télos, sagt, worin sie sich vollendet.

Grund und Ziel sind miteinander verschränkt, sofern im Anfang einer Bewegung schon ihr Ziel liegen muss; damit eine Bewegung überhaupt zielgerichtet sein kann und damit eine Bewegung von der Art der enérgeia in jedem Moment in ihre Vollendetheit einschwingen kann, müssen arché und télos dasselbe sein.

Die Frage nach Grund und Ziel hat einen weiteren, für Heideggers Verständnis des Nihilismus ebenso wichtigen Aspekt. In der Philosophie Platons gehören diese Grundbegriffe nach Heideggers Interpretation (GA 9, 203ff.) derart zusammen, dass mit der Idee des Guten einerseits der »Grund von allem« und andererseits das Ziel der Herausbildung menschlichen Wesens bezeichnet ist. Damit aber ist, wie Heidegger in den *Beiträgen* ausführt, der Grund von allem als etwas genommen, worauf und wonach man sich »richten« kann. Der Grund von allem ist so ansatzweise bereits »zum ›Wert‹, zum ›Sinn‹, zum ›Ideal‹« (GA 65, 210) gewandelt, das durch andere »Ideale« zu ersetzen ist. Sofern die christliche Tradition auf der Philosophie Platons aufbaut, sei Gott in ihr entsprechend als dasjenige verstanden, worauf und wonach man sich richten kann (GA 65, 211). So, aber auch nur so gesehen, unterscheidet sich die christliche Tradition von den nihilistischen Versuchen der Zielsetzung letztlich nicht; vielmehr sind diese, auch da, wo sie vom Tode Gottes leben, im Grunde nur umgekehrte, verkehrte und unselbständige Fortentwicklungen dieser Tradition. Für beides gebraucht Heidegger den Titel »Metaphysik«. »Metaphysik« in dieser negativen Akzentuierung ist die verstellende Umdeutung der Praesenz, die in sich zugleich Absenz ist, zur reinen Präsenz. Mit den skizzierten Überlegungen wird für Heidegger das Wissen vom Tod Gottes aber zum Anlass, die gesamte Tradition des Abendlandes infrage zu stellen, oder genauer: Es wird zum Anlass, mit der Infragestellung dieser Tradition durch den Nihilismus selbst Ernst zu machen, und zwar anders, als es in der Rektoratsrede gefordert war. Heideggers Bestimmung der Gegenwart als Nihilismus kommt mit seiner Hölderlin-Auslegung zum Einklang – der Nihilismus ist die »dürftige Zeit«.

Heideggers Überlegungen zum Nihilismus lassen sich als Versuch verstehen, das Programm einer Destruktion der Überlieferung auf neue Weise auszuarbeiten. Wie zu Beginn der 1920er Jahre ist es die »hermeneutische Situation« der ›nihilistischen‹ Gegenwart, in der er zur Destruktion der Überlieferung ansetzt. Doch nun steht für Heidegger nicht nur die Möglichkeit einer sachorientierten Philosophie, sondern das Geschick des Abendlandes selbst auf dem Spiel. Erst in der Krise des Nihilismus kann dieses Geschick, wie Heidegger denkt, wahrhaft angenommen werden. Erst wenn das Wissen vom Tod Gottes zur Einsicht in das Ende der »Metaphysik« wird, lässt sich das Göttliche wieder bewahren, denn für den »metaphysischen« Versuch, das Göttliche »festzustellen«, gibt es nun keine Möglichkeit mehr. Erst im Ende der »Metaphysik« kommt das Wesen der Götter wieder zum Vorschein. Bereits in seiner Hölderlin-Vorlesung sagt Heidegger, das Wesen der Götter sei gerade die »Vergänglichkeit«: Das »Vorbeigehen ist die Art der Anwesenheit der Götter, die Flüchtigkeit eines kaum faßbaren Winkes, der im Nu des Vorüberganges alle Seligkeit und alle Schrecken zeigen kann« (GA 39, 111).

Wenn sich das Wesen der Götter im ausgehaltenen Nihilismus »wieder« zeigen kann, so muss es sich schon einmal gezeigt haben. Was Heidegger mit der »Flüchtigkeit eines kaum faßbaren Winkes« anspricht, nimmt er wenig später in seiner Vorlesung noch einmal auf, indem er auf ein Fragment Heraklits verweist, das »die Art des Sagens« nennt, »wie sie den Göttern eignet«. Heidegger übersetzt und erläutert das Fragment (Nr. 93) folgendermaßen: »›Der Herr, dessen Spruchort zu Delphi ist [Gott Apollo], sagt weder, noch verbirgt er, sondern *winkt.*‹ Das ursprüngliche Sagen macht weder nur unmittelbar offenbar, noch verhüllt es einfach nur schlechthin, sondern dieses Sagen ist beides in einem und als dieses Eine ein Winken, wo das Gesagte auf Ungesagtes, das Ungesagte auf Gesagtes und zu Sagendes weist; das Widerstreitende auf den Einklang, der es ist, der Einklang auf den Widerstreit, darin er allein schwingt.« (GA 39, 127f.) Nicht von ungefähr erinnert diese Charakterisierung des göttlichen »Winkes« an das, was Heidegger über die dichterische Sprache gesagt hatte. Sofern gerade in ihr Gesagtes und Ungesagtes zusammenspielen, kann sie Artikulation einer Erfahrung sein, die sich bei aller Bestimmtheit nach menschlichen Maßstäben nicht verrechnen lässt.

Die dichterische Sprache in diesem Sinne ist für Heidegger also nicht nur die Sprache Hölderlins, sondern auch die Sprache der vorsokratischen Denker Heraklit und Parmenides. Bei Hölderlin ist »jenes Verständnis des Seyns wieder nahe und wieder mächtig, das im Anfang der abendländischen Philosophie an die Macht kam« (GA 39, 123), und darum sind die gewesenen Götter, die Hölderlin in ihrer Gewesenheit dichtet, für Heidegger die Götter im Anfang der Philosophie, die Artemis und der Apollon des Heraklit, die Göttin »Wahrheit« des Parmenides (GA 54, 163). Diese Lesart hat Heidegger jedoch korrigiert. In seiner Abhandlung *Nietzsches Wort ›Gott ist tot‹* stellt Heidegger auch die Vorsokratiker in den Zusammenhang seines Destruktionsprogramms; »nirgends« begegne uns »ein Denken, das die Wahrheit des Seins selbst und damit die Wahrheit selbst als das Sein denkt«: »Sogar dort ist dieses nicht gedacht, wo das vorplatonische Denken als der Anfang des abendländischen Denkens die Entfaltung der Metaphysik durch Platon und Aristoteles vorbereitet. Das èstin (eòn) gàr eînai nennt zwar das Sein selbst. Aber es denkt das Anwesen gerade nicht als das Anwesen aus seiner Wahrheit. Die Geschichte des Seins beginnt und zwar notwendig *mit der Vergessenheit des Seins*« (GA 5, 263). Das Denken im Anfang sei, wie es in den *Beiträgen zur Philosophie* heißt, »Ver-nehmung und Sammlung« (GA 65, 198); es ist dadurch charakterisiert, die Erfahrung des Denkens in den lógos zu bringen. Damit aber ist bereits ein Vorrang der Präsenz vor dem Ineinander von Präsenz und Absenz gesetzt: légein ist dem von Heidegger in der Hölderlin-Vorlesung herangezogenen Fragment des Heraklit zufolge das Gegenwort zu kryptein, verbergen (GA 9, 279). So mag das Denken im Anfang noch »dichterisch« (GA 40, 153) sein; ebenso ist es der Anfang der Philosophie. So erscheint die Philosophie als der Verfall ihres Anfangs, sie beginnt als »Geschichte des Seins« notwendig mit der »Vergessenheit« des Seins. Mit Heidegger müsste man die Philosophie von etwas her verstehen, das in ihr niemals zur Geltung kam und das philosophisch nie als das Verborgene der Philosophie verstanden wurde. So hätte die Philosophie, obwohl sie von Anfang an auf die Klarheit des Denkens hin angelegt war, sich niemals selbst durchschaut.

Ein Ende dieser Vergessenheit ist nicht abzusehen, denn der »andere Anfang«, der »Vorbeigang« des letzten Gottes (GA 65, 412 ff.), ist ja nur der bevorstehende Vorenthalt desjenigen, was als Gewesenes verweigert ist. Andernfalls könnte man ihm nur in einer »Gegenbewegung« zu dem entsprechen, was aus dem ersten Anfang entsprungen ist, und wie bei jeder Gegenbewegung bliebe man dabei abhängig von dem, wogegen sie sich richtet. »Gegen-bewegungen«, so sagt Heidegger in den *Beiträgen*, »verfangen sich in ihrem eigenen Sieg, und das sagt, sie verklammern sich in das Besiegte« (GA 65, 186). Das ist Heideggers Version der »Dialektik der Aufklärung«.

Um ihr zu entgehen, setzt Heidegger seinen Gedanken des anderen Anfangs nicht dem ersten entgegen. Der andere Anfang stehe vielmehr »als anderes außerhalb des Gegen und der unmittelbaren Vergleichbarkeit« (GA 65, 187). Vielmehr seien der erste und der andere Anfang das Widerstreitende im Einklang, der Einklang des Widerstreitenden. Die Metaphysik und ihr Ende im Nihilismus ist, so gesehen, die »Auseinandersetzung« der beiden Anfänge dadurch, indem sie in der Entfernung vom ersten Anfang diesen freigesetzt und dem anderen Anfang »zuspielt«: »Der andere Anfang verhilft aus neuer Ursprünglichkeit dem ersten Anfang zur Wahrheit seiner Geschichte und damit zu seiner unveräußerlichen eigensten Andersartigkeit, die allein fruchtbar wird in der geschichtlichen Zwiesprache der Denker.« (GA 65, 187) Doch es ist die »Ursprünglichkeit« der Zukunft, die dem gewesenen ersten Anfang zu seiner »Wahrheit« verhilft. Der »andere Anfang« ist zukünftig und so ein Anfang, zu dem man nie gelangt.

Will man so mit Heidegger die Geschichte denken, muss man sie, »zwischen« ihren beiden Anfängen, als einzigen Untergang und Übergang verstehen. Geschichte im Sinne Heideggers ist nichts als Zwischenzeit. Der andere Anfang darf nicht kommen, wenn der Zeit-Raum der Geschichte offengehalten werden soll. Mit dem »Vorbeigang« des »letzten Gottes« steht nichts als sein Vorenthalt bevor. Dann aber bleibt keine andere Möglichkeit als die, sich in der als Zwischenzeit verstandenen Gegenwart so zu halten, dass man ihren zwischenzeitlichen Charakter auf sich nimmt und nicht durch die bodenlose nihilistische Dynamik zu überspielen versucht. Nur derart kann der »letzte Gott« überhaupt »vorbeigehen«.

Dieser Gedanke bestimmt auch Heideggers Denken in den 1950er Jahren. Dieses Denken will »ethisch« sein; es will auf eine Haltung (ethos) hinweisen, die sich im Aushalten des offenen Zeit-Raums der Geschichte ausprägt und in solcher Ausprägung dem Zeit-Raum der Geschichte entspricht. Diesen ethischen Charakter seines späteren Denkens hat Heidegger wohl am deutlichsten in einer Schrift entwickelt, die auf den ersten Blick gerade die Abweisung einer philosophischen Ethik ist, im *Brief über den Humanismus* aus dem Jahr 1946. Diese Schrift ist bedeutsam, weil Heidegger hier eine Rekapitulation seiner eigenen Philosophie vorlegt und recht ausführliche Bemerkungen zur Selbstinterpretation von *Sein und Zeit* mit Hinweisen auf die Hölderlin-Deutungen und indirekt auch auf die *Beiträge zur Philosophie* verbindet. Es ist kein Wunder, dass der sogenannte Humanismus-Brief deshalb nach seiner Veröffentlichung im Jahr 1947 nur in Grenzen nachvollziehbar war. Er bietet nur knappe Hinweise auf eine Philosophie, die sich ausführlich in den *Beiträgen* entwickelt findet, so dass man den Text eigentlich erst seit der Veröffentlichung der *Beiträge* angemessen interpretieren kann.

Die Ethik des Humanismus-Briefes ist von besonderer Art. Heidegger weist die Rede von der »Ethik« zunächst zurück, weil allein schon der Terminus seine Zugehörigkeit zur Geschichte der »Metaphysik« zu erkennen gebe. Die Rede von der »Ethik«, die zusammengehört mit der von der »Logik« und der »Physik«, dokumentiere bereits eine Aufteilung der Philosophie in einzelne Disziplinen und damit ihre Verwissenschaftlichung: »Im Zuge durch die so verstandene [das heißt: sich in Disziplinen aufteilende] Philosophie entsteht die Wissenschaft, vergeht das Denken.« (GA 9, 354) Demgegenüber zeige sich das Ethische in einem Satz Heraklits – deutlicher als bei Aristoteles oder Kant:

> »Ein Spruch des Heraklit, der nur aus drei Wörtern besteht, sagt so Einfaches, daß aus ihm das Wesen des Ethos unmittelbar ans Licht kommt. Der Spruch des Heraklit lautet (Frgm. 119): êthos anthropô daímon. Man pflegt allgemein zu übersetzen: ›Seine Eigenart ist dem Menschen sein Dämon.‹ Diese Übersetzung denkt modern, aber nicht griechisch. êthos bedeutet Aufenthalt, Ort des Wohnens. Das Wort nennt den offenen Bezirk, worin der Mensch wohnt. Das Offene seines Aufenthaltes läßt das erscheinen, was auf das Wesen des Menschen zukommt und also ankommend in seiner Nähe sich aufhält. Der Aufenthalt des Menschen enthält und bewahrt die Ankunft dessen, dem der Mensch in seinem Wesen gehört. Das ist nach dem Wort des Heraklit daímon, der Gott. Der Spruch sagt: der Mensch wohnt, insofern er Mensch ist, in der Nähe Gottes.« (GA 9, 354f.)

Und wenig später heißt es: »Soll nun gemäß der Grundbedeutung des Wortes êthos der Name Ethik dies besagen, daß sie den Aufenthalt des Menschen bedenkt, dann ist dasjenige Denken, das die Wahrheit des Seins als das anfängliche Element des Menschen als eines eksistierenden denkt, in sich schon die ursprüngliche Ethik.« (GA 9, 356) Diese Bestimmung des Menschen als eines »eksistierenden« kann der Schlüssel zu Heideggers Verständnis des Ethischen sein: êthos im Sinne Heideggers ist das Dasein in der Offenheit des geschichtlichen Zeit-Raums. Und wenn das Denken, Heideggers eigenes Denken, »in sich schon die ursprüngliche Ethik« ist, dann hat dieses Denken seine Eigentümlichkeit darin, dass es nicht mehr auf eine der dichterischen Eröffnung entsprechende staatliche oder politische Einrichtung der Welt verweist, sondern nur in die Offenheit dieser Welt einweist. In gewisser Weise kehrt Heidegger damit zu seiner »Aristotelischen« Konzeption der Philosophie zurück. Wieder versteht er die Philosophie aus einer Art Phronesis, genauer: aus einer Art der selbst als Handeln zu begreifenden Besinnung, die in seinem späten Denken an die Stelle der Phronesis tritt. Anders als früher will er nun aber die Phronesis nicht mehr der Philosophie als theoría oder sophía gegenüberstellen. So kann die Philosophie auch nicht mehr aus dem »praktischen Wissen« entspringen und sich dann ihm gegenüber verselbständigen, so dass sich die Frage nach der Eigenart des Verselbständigten stellt, die Frage also, die das Projekt von »Sein und Zeit« motiviert und in Schwierigkeiten gebracht hatte. Heidegger nimmt die Philosophie nun ins einfach offene Dasein des ethos zurück.

Deshalb spricht er nun auch vom »Denken« statt von der Philosophie. »Denken« ist die Philosophie, sofern sie aufhört, »Metaphysik« zu sein; es ist die Haltung in der Offenheit des durch die beiden Anfänge eröffneten Zeit-Raums, immer vorläufig, niemals begründend. »Denken« ist eine Philosophie, die sich als Untergang und Übergang versteht.

In den Zusammenhang der ethischen Wendung zum »Denken« gehört auch eine späte Modifikation, die Heidegger in seiner Diagnose der Gegenwart vornimmt. Er stellt sie unter das Motto eines Verses von Hölderlin aus der Hymne *Patmos*: »Wo aber Gefahr ist, wächst/ Das Rettende auch.« Heidegger zitiert diesen Vers in seinem Vortrag *Die Frage nach der Technik* aus dem Jahr 1953.

Mit seinen Überlegungen zur Technik knüpft Heidegger einerseits an die gegenwartsdiagnostischen Überlegungen der 1930er Jahre und insbesondere der *Beiträge zur Philosophie* an. Das Wesen der Technik, das »Ge-stell«, ist nichts anderes als die herausfordernde, sich in keinem Ziel vollendende Dynamik der Weltbeherrschung und Naturausbeutung – Mobilmachung im Sinne Jüngers. Und doch macht es einen Unterschied, wenn Heidegger das Wesen der Gegenwart nicht mehr als Nihilismus, sondern in der Frage nach der Technik erörtert; so findet er die Möglichkeit, auch die mobil gemachte Welt in den Zusammenhang des geschichtlichen Zeit-Raumes zu stellen.

Der Gedanke lässt sich an Heideggers Verständnis des »Rettenden« und der »Gefahr« verdeutlichen. »Retten« bedeutet hier nicht: »das vom Untergang Bedrohte gerade noch erhaschen, um es in seinem bisherigen Fortbestehen zu sichern« (VA, 32). Dann, so könnte man diesen Gedanken interpretieren, wäre es nicht wirklich gerettet, sondern weiterhin der Möglichkeit seines Untergangs ausgeliefert, weil sein Bestand die Möglichkeit des Untergangs ja gerade nicht ausgeschlossen hatte; sonst hätte es gar nicht erst »gerettet« werden müssen. »Retten«, sagt Heidegger, sei vielmehr »einholen ins Wesen, um so das Wesen erst zu seinem eigentlichen Scheinen zu bringen« (VA, 32). Die gegenwärtige Welt soll so, wie sie ist, in den geschichtlichen Zeit-Raum eingeholt werden, derart, dass der geschichtliche Zeit-Raum dadurch gegenwärtig zum Erscheinen kommt. Sofern dieses Erscheinen von selbst geschieht, kann die Kunst aus ihrer vormaligen Rolle, den geschichtlichen Zeit-Raum in seiner Bestimmtheit zu bilden, entlassen werden. Heidegger lässt nun die Möglichkeit der Kunst, »Blick und Zutrauen« in den Zeit-Raum der Geschichte »neu [zu] wecken und [zu] stiften«, offen: »Ob der Kunst diese höchste Möglichkeit ihres Wesens inmitten der äußersten Gefahr gewährt ist, vermag niemand zu wissen. Doch wir können erstaunen. Wovor? Vor der anderen Möglichkeit, daß überall das Rasende der Technik sich einrichtet, bis eines Tages durch alles Technische hindurch das Wesen der Technik west im Ereignis der Wahrheit.« (VA, 39) Die Kunst behält ihren Sinn, indem sie ein Verständnis der Technik ermöglicht: »Weil das Wesen der Technik nichts Technisches ist, darum muß die wesentliche Besinnung auf die Technik und die entscheidende Auseinandersetzung mit ihr in einem Bereich geschehen, der einerseits mit dem Wesen der Technik verwandt und andererseits von ihm doch grundverschieden ist.« Und: »Ein solcher Bereich ist die Kunst.« (VA, 39) Die Auseinandersetzung mit der Technik von der Kunst her soll möglich sein, weil sie beide gleichen Ursprungs sind; Kunst und Technik sind Weisen der poíesis, sie sind, wie Heidegger sagt, Weisen des »her- und vorbringenden Entbergens« (VA, 38). Die Technik ist eine bestimmte und von der Kunst unterschiedene Weise, Seiendes zur Präsenz zu bringen. Je klarer sie darin verstanden wird, desto weniger muss sie das Verfügenwollen totaler Mobilmachung sein. Sollte Heidegger sich so, in der Engführung von Technik und Kunst, mit der Moderne versöhnt haben?

6. Abschluss

In seinem späteren Denken kehrt Heidegger zum Anfang seines eigenen Denkens zurück: Aus einer Philosophie, die von der Vergangenheit des Glaubens wusste und trotzdem »gottinnig« sein wollte, ist über den Weg einer philosophischen »Handaufhebung« gegen Gott ein Denken geworden, das von Gott und den Göttern sprechen kann und sich selbst außerhalb von Theologie und Atheismus verortet (GA 65, 439). Aus dem Programm einer geschichtlichen Philosophie, die sich ihrer eigenen Gegenwart nicht ohne den Blick auf das Gewesene versichern wollte, ist über den Weg zum philosophischen Anfang, mit den Zwischenstationen der Fundamentalontologie und der Politik, ein Denken geworden, das sich aufgrund der Unverfügbarkeit jedes Anfangs selbst als Einübung in den Untergang und Übergang versteht. Damit hat sich schließlich auch das philosophiegeschichtliche Programm über die Zwischenstationen des Konzeptes von *Sein und Zeit* und der Auseinandersetzung von Philosophie und Politik zu einem Denken gewandelt, das die Philosophie als Übergangsgeschichte des Abendlandes und das Abendland als die Übergangsgeschichte der Philosophie versteht.

Was Heidegger derart zu denken versucht, ist nicht zuletzt durch sein Denken veranschaulicht. Es ist ein übergehendes Denken, das die Grunderfahrung der Zeit, von der es geleitet ist, immer wieder neu zu fassen versucht und mit ihr die Erfahrung der Geschichte: als Wirkungsgeschichte des Aristoteles, als Aufbruchs- und Anfangsgeschichte, als Geschichte zwischen erstem und anderem Anfang. Wer sich auf Heideggers Denken berufen will, muss deshalb sagen, auf welches – ›das‹ Denken Heideggers gibt es nicht. Doch immer, in jeder Phase, geht dieses Denken aufs Ganze; ohne den Anspruch, die ganze Philosophie, die ganze Geschichte neu zu denken – so wie noch niemand je gedacht und geschrieben hat –, geht es für Heidegger offenbar nicht. Der Anspruch ist extrem hoch und deshalb immer wieder mit Abstürzen verbunden – mit dem größten in den 1930er und 1940er Jahren, als Heidegger besonders viel wollte und sich derart verrannte, dass er nur mit größter Mühe wieder zur Besinnung kam.

Gelang ihm das wirklich? Oder ist das späte Denken, wie es zuletzt rekonstruiert wurde, nur eine Sequenz von Zurücknahmen, hinter denen das große Ziel einer deutschen Schicksalserfüllung zwar blasser wurde, aber doch in Geltung blieb? Die Orientierung an Hölderlin nahm Heidegger jedenfalls niemals zurück, und damit blieb er auch bei seiner Fixiertheit auf das ›deutsche Schicksal‹ – darüber sollte man sich durch die schlichten, oft zen-buddhistisch anmutenden Gedankenwege seiner späten Texte nicht täuschen lassen. Andererseits gehen diese Texte in der Geschichtsphilosophie, die ihrem Autor wohl das Wichtigste war, nicht auf. Sie bergen überraschende und immer wieder lebendige Einsichten – wie das Buch, das Heideggers Weltruhm begründete und mit dem er dennoch – oder deshalb? – so unzufrieden wie mit keinem anderen war. Als Autor von *Sein und Zeit* gehörte Heidegger schon mit achtunddreißig Jahren zu den Klassikern der Philosophie, und als Autor von *Sein und Zeit* wird er ein solcher Klassiker bleiben.

Und sonst? Die bisherige Wirkungsgeschichte Heideggers – sie wurde schon in der Einleitung angesprochen – ist eindrucksvoll genug, um ihm bleibende Wirkung zu sichern. Und welche Gedanken Heideggers wie im Diskurs der Philosophie lebendig bleiben oder neu zum Leben erweckt werden, lässt sich im Voraus nicht wissen. Dass es die Schicksalsgründungsfantasien der 1930er und

1940er Jahre nicht sein werden, ist recht wahrscheinlich. Jedenfalls muss man es wünschen; zu tief sind sie in die Pathologie ihres Jahrhunderts verstrickt und können deshalb allein Aufschluss über deren verquere Logik geben. Sonst aber gibt es genug zu entdecken. Aber man wird nicht mit Heidegger denken können, ohne immer auch anders zu denken als er. Etwas anders zu sehen und anderes zu sehen, als ein philosophischer Text es nahelegt, und es anders zu sagen – das gehört zum Leben der Philosophie. Besonders bei einem Philosophen wie Heidegger, dessen Denkstil und Sprache besonders suggestiv sind, sollte man das nicht vergessen. Heideggers Texte brauchen wache, kritische und selbständige Leser, keine Heideggerianer.

Anmerkungen

1 Vgl. E. Husserl, Philosophie als strenge Wissenschaft, in: Logos, Bd. I (1910/11), Neuausgabe, hrsg. von W. Szilasi, Frankfurt/M. 1965.
2 G.W.F. Hegel, Vorlesungen über die Geschichte der Philosophie I, in: ders., Werkausgabe in zwanzig Bänden, Bd. 18, Redaktion E. Moldenhauer und K.M. Michel, Frankfurt/M. 1971, S. 21.
3 Ebenda, S. 21.
4 Ebenda, S. 74.
5 Ders., Vorlesungen über die Geschichte der Philosophie III, in: ders., Werkausgabe in zwanzig Bänden, Bd. 20, Frankfurt/M. 1971, S. 460.
6 Ebenda, S. 457.
7 Ebenda, S. 461.
8 »Hermeneúein« ist im Original griechisch geschrieben. Im Folgenden werden alle griechischen Ausdrücke in lateinische Schrift transkribiert.
9 E. Husserl, Logische Untersuchungen II. Untersuchungen zur Phänomenologie und Theorie der Erkenntnis, Teil 1, Tübingen 1913, S. 2.
10 Ebenda, S. 2.
11 Die zweite Seitenzahl bezieht sich auf die im Niemeyer Verlag erschienene Separatausgabe von *Sein und Zeit*, Tübingen 1986.
12 Vgl. M. Kommerell, Briefe und Aufzeichnungen 1919-1944, hrsg. von I. Jens, Olten/Freiburg i.Br. 1967, S. 405.
13 Die Seitenangaben der Aristotelischen Schriften sind die als Standardpaginierung eingeführten der Ausgabe: Aristotelis opera, ex rec. I. Bekkeri, Berlin 1831-1870 (Ausgabe der Preußischen Akademie der Wissenschaften).
14 *Sein und Zeit* ist ein sehr klar gegliedertes Buch. Ich werde deshalb auf einen Nachweis der erörterten Passagen verzichten. Eine ausführliche Interpretation von *Sein und Zeit* habe ich in *Martin Heidegger. Phänomenologie der Freiheit*, Frankfurt/M. 1988, vorgelegt.

15 Die deutsche Übersetzung lautet: »Sogleich nämlich vom Mutterleib an beginnen wir zu sterben.«

16 Vgl. I. Kant, Kritik der reinen Vernunft, Zweites Buch, erstes Hauptstück (B 176-187/A 137-148).

17 W. Dilthey, Über das Studium der Geschichte der Wissenschaften vom Menschen, der Gesellschaft und dem Staat (1875), in: ders., Gesammelte Schriften, Bd. V, Göttingen 1982, S. 37 (36-41).

18 Zu den Einzelheiten vgl.: H. Ott, Martin Heidegger. Unterwegs zu seiner Biographie, Frankfurt/M./New York 1988.

19 Ebenda, S. 191.

20 Ebenda, S. 196 f.

21 Vgl. M. Heidegger, Hölderlins Hymnen »Germanien« und »Der Rhein«, hrsg. von S. Ziegler, Frankfurt/M. 1980, S. 125 f.; ders., Einführung in die Metaphysik, hrsg. von P. Jaeger, Frankfurt/M. 1983, S. 66 und S. 122 f.

22 H. Ott, Martin Heidegger, Unterwegs zu seiner Biographie, a.a.O., S. 236.

23 Ebenda, S. 239 f.

24 Vgl. M. Heidegger, Das Ding (1950), in: ders., Vorträge und Aufsätze, Pfullingen 1954, S. 170 f.

25 E. Jünger, Die totale Mobilmachung, in: ders., Sämtliche Werke, Zweite Abteilung, Essays I, Bd. 7, Stuttgart 1980, S. 125 f.

26 Ders., Der Arbeiter, in: ders., Sämtliche Werke, Zweite Abteilung, Essays II, Bd. 8, Stuttgart 1981, S. 311.

27 Ausführlicher ist diese Problematik erörtert in: S. Vietta, Heideggers Kritik am Nationalsozialismus und an der Technik, Tübingen 1989.

Literaturhinweise

1. Werke Martin Heideggers

a) Die *Gesamtausgabe* von Heideggers Werken erscheint seit 1975 im Verlag Vittorio Klostermann, Frankfurt/M. Sie enthält in der ersten Abteilung sämtliche von Heidegger selbst veröffentlichten Schriften, in der zweiten Abteilung die Vorlesungen, in der dritten bisher unveröffentlichte Abhandlungen; für die vierte Abteilung sind Aufzeichnungen und Hinweise vorgesehen. Die Separatausgaben der veröffentlichten Schriften sind weiterhin erhältlich.

Auf die Bände der Gesamtausgabe wird im Text unter Angabe der Sigle GA und der entsprechenden Bandnummer verwiesen.

1. Abteilung: Veröffentlichte Schriften 1910-1976

GA 1 Frühe Schriften (1912-1916), hrsg. von F.-W. von Herrmann, Frankfurt/M. 1978.

GA 2 Sein und Zeit (1927), hrsg. von F.-W. von Herrmann, Frankfurt/M. 1977.

GA 3 Kant und das Problem der Metaphysik (1929), hrsg. von F.-W. von Herrmann, Frankfurt/M. 1991, 2. Aufl. 2010.

GA 4 Erläuterungen zu Hölderlins Dichtung (1936-1968), hrsg. von F.-W. von Herrmann, Frankfurt/M. 1981, 2. Aufl. 1996.

GA 5 Holzwege (1935-1946), hrsg. von F.-W. von Herrmann, Frankfurt/M. 1977, 2. Aufl. 2003.

GA 6.1 Nietzsche I (1936-1939), hrsg. von Brigitte Schillbach, Frankfurt/M. 1996.

GA 6.2 Nietzsche II (1939-1946), hrsg. von Brigitte Schillbach, Frankfurt/M. 1997.

GA 7 Vorträge und Aufsätze (1936-1953), hrsg. von F.-W. von Herrmann, Frankfurt/M. 2000.
GA 8 Was heißt Denken? (1951/52), hrsg. von Paola-Ludovika Coriando, Frankfurt/M. 2002.
GA 9 Wegmarken (1919-1961), hrsg. von F.-W. von Herrmann, Frankfurt/M. 1976, 2., durchges. Aufl. 1996, 3. Aufl. 2004.
GA 10 Der Satz vom Grund (1955/56), hrsg. von Petra Jaeger, Frankfurt/M. 1997.
GA 11 Identität und Differenz (1955-1957), hrsg. von F.-W. von Herrmann, Frankfurt/M. 2006.
GA 12 Unterwegs zur Sprache (1950-1959), hrsg. von F.-W. von Herrmann, Frankfurt/M. 1985.
GA 13 Aus der Erfahrung des Denkens (1910-1976), hrsg. von Hermann Heidegger, Frankfurt/M. 1983, 2., durchges. Aufl. 2002.
GA 14 Zur Sache des Denkens (1962-1964), hrsg. von F.-W. von Herrmann, Frankfurt/M. 2007.
GA 15 Seminare (1951-1973), hrsg. von Curd Ochwadt, Frankfurt/M. 1986, 2., durchges. Aufl. 2005.
GA 16 Reden und andere Zeugnisse eines Lebensweges (1910-1976), hrsg. von Hermann Heidegger, Frankfurt/M. 2000.

2. Abteilung: Vorlesungen 1919-1944

2.1 Marburger Vorlesungen 1923-1928

GA 17 Einführung in die phänomenologische Forschung (Wintersemester 1923/24), hrsg. von F.-W. von Herrmann, Frankfurt/M. 1994, 2. Aufl. 2006.
GA 18 Grundbegriffe der aristotelischen Philosophie (Sommersemester 1924), hrsg. von Mark Michalski, Frankfurt/M. 2002.
GA 19 Platon: Sophistes (Wintersemester 1924/25), hrsg. von Ingeborg Schüßler, Frankfurt/M. 1992.
GA 20 Prolegomena zur Geschichte des Zeitbegriffs (Sommersemester 1925), hrsg. von Petra Jaeger, Frankfurt/M. 1979, 2., durchges. Aufl. 1988, 3., durchges. Aufl. 1994.
GA 21 Logik. Die Frage nach der Wahrheit (Wintersemester 1925/26), hrsg. von Walter Biemel, Frankfurt/M. 1976, 2., durchges. Aufl. 1995.

GA 22 Die Grundbegriffe der antiken Philosophie (Sommersemester 1926), hrsg. von Franz-Karl Blust, Frankfurt/M. 1993, 2. Aufl. 2004.

GA 23 Geschichte der Philosophie von Thomas von Aquin bis Kant (Wintersemester 1926/27), hrsg. von Helmuth Vetter, Frankfurt/M. 2006.

GA 24 Die Grundprobleme der Phänomenologie (Sommersemester 1927), hrsg. von F.-W. von Herrmann, Frankfurt/M. 1975, 2. Aufl. 1989, 3. Aufl. 1997.

GA 25 Phänomenologische Interpretation von Kants Kritik der reinen Vernunft (Wintersemester 1927/28), hrsg. von Ingtraud Görland, Frankfurt/M. 1977, 2. Aufl. 1987, 3. Aufl. 1995.

GA 26 Metaphysische Anfangsgründe der Logik im Ausgang von Leibniz, hrsg. von Klaus Held, Frankfurt/M. 1978, 2., durchges. Aufl. 1990, 3. Aufl. 2007.

2.2 Freiburger Vorlesungen 1928-1944

GA 27 Einleitung in die Philosophie (Wintersemester 1928/29), hrsg. von Otto Saame und Ina Saame-Speidel, Frankfurt/M. 1996, 2., durchges. Aufl. 2001.

GA 28 Der deutsche Idealismus (Fichte, Schelling, Hegel) und die philosophische Problemlage der Gegenwart (Sommersemester 1929), hrsg. von Claudius Strube, Frankfurt/M. 1997.

GA 29/30 Die Grundbegriffe der Metaphysik. Welt – Endlichkeit – Einsamkeit (Wintersemester 1929/30), hrsg. von F.-W. von Herrmann, Frankfurt/M. 1983, 2. Aufl. 1992, 3. Aufl. 2004.

GA 31 Vom Wesen der menschlichen Freiheit. Einleitung in die Philosophie (Sommersemester 1930), hrsg. von Hartmut Tietjen, Frankfurt/M. 1982, 2., durchges. Aufl. 1994.

GA 32 Hegels Phänomenologie des Geistes (Wintersemester 1930/31), hrsg. von Ingtraud Görland, Frankfurt/M. 1980, 2. Aufl. 1988, 3. Aufl. 1997.

GA 33 Aristoteles, Metaphysik IX, 1-3. Von Wesen und Wirklichkeit der Kraft (Sommersemester 1931), hrsg. von Heinrich Hüni, Frankfurt/M. 1981, 2. Aufl. 1990, 3., durchges. Aufl. 2006.

GA 34 Vom Wesen der Wahrheit. Zu Platons Höhlengleichnis und

Theätet (Wintersemester 1931/32), hrsg. von Hermann Mörchen, Frankfurt/M. 1988, 2., durchges. Aufl. 1997.

GA 35 Der Anfang der abendländischen Philosophie (Anaximander und Parmenides) (Sommersemester 1932), hrsg. von Peter Trawny.

GA 36/37 Sein und Wahrheit. 1. Die Grundfrage der Philosophie (Sommersemester 1933) / 2. Vom Wesen der Wahrheit (Wintersemester 1933/34), hrsg. von Hartmut Tietjen, Frankfurt/M. 2001.

GA 38 Logik als die Frage nach dem Wesen der Sprache (Sommersemester 1934), auf der Grundlage der Vorlesungsnachschrift von Wilhelm Hallwachs hrsg. von Günter Seubold, Frankfurt/M. 1998.

GA 39 Hölderlins Hymnen »Germanien« und »Der Rhein« (Wintersemester 1934/35), hrsg. von Susanne Ziegler, Frankfurt/M. 1980, 2., durchges. Aufl. 1989, 3. Aufl. 1999.

GA 40 Einführung in die Metaphysik (Sommersemester 1935), hrsg. von Petra Jaeger, Frankfurt/M. 1983.

GA 41 Die Frage nach dem Ding. Zu Kants Lehre von den transzendentalen Grundsätzen (Wintersemester 1935/36), hrsg. von Petra Jaeger, Frankfurt/M. 1984.

GA 42 Schelling: Vom Wesen der menschlichen Freiheit (1809) (Sommersemester 1936), hrsg. von Ingrid Schüßler, Frankfurt/M. 1988.

GA 43 Nietzsche: Der Wille zur Macht als Kunst (Wintersemester 1936/37), hrsg. von Bernd Heimbüchel, Frankfurt/M. 1985.

GA 44 Nietzsches metaphysische Grundstellung im abendländischen Denken: Die ewige Wiederkehr des Gleichen (Sommersemester 1937), hrsg. von Marion Heinz, Frankfurt/M. 1986.

GA 45 Grundfragen der Philosophie. Ausgewählte »Probleme« der »Logik« (Wintersemester 1937/38), hrsg. von F.-W. von Herrmann, Frankfurt/M. 1984, 2. Aufl. 1992.

GA 46 Zur Auslegung von Nietzsches II. Unzeitgemäßer Betrachtung »Vom Nutzen und Nachteil der Historie für das Leben« (Wintersemester 1938/39), hrsg. von Hans-Joachim Friedrich, Frankfurt/M. 2003.

GA 47 Nietzsches Lehre vom Willen zur Macht als Erkenntnis (Sommersemester 1939), hrsg. von Eberhard Hanser, Frankfurt/M. 1989.

GA 48 Nietzsche: Der europäische Nihilismus (II. Trimester 1940), hrsg. von Petra Jaeger, Frankfurt/M. 1986.

GA 49 Die Metaphysik des deutschen Idealismus. Zur erneuten Auslegung von Schelling: Philosophische Untersuchungen über das Wesen der menschlichen Freiheit und die damit zusammenhängenden Gegenstände (1809) I. Trimester 1941/Seminar Sommersemester 1941), hrsg. von Günter Seubold, Frankfurt/M. 1991, 2., durchges. Aufl. 2006.

GA 50 Nietzsches Metaphysik (für das Wintersemester 1941/42 angekündigt, aber nicht gehalten) / Einleitung in die Philosophie – Denken und Dichten (abgebrochene Vorlesung Wintersemester 1944/45), hrsg. von Petra Jaeger, Frankfurt/M. 1990, 2., durchges. Aufl. 2007.

GA 51 Grundbegriffe (Sommersemester 1941), hrsg. von Petra Jaeger, Frankfurt/M. 1981, 2., durchges. Aufl. 1991.

GA 52 Hölderlins Hymne »Andenken« (Wintersemester 1941/42), hrsg. von Curd Ochwadt, Frankfurt/M. 1982, 2. Aufl. 1992.

GA 53 Hölderlins Hymne »Der Ister« (Sommersemester 1942), hrsg. von Walter Biemel, Frankfurt/M. 1984, 2. Aufl. 1993.

GA 54 Parmenides (Winteresemester 1942/43), hrsg. von Manfred S. Frings, Frankfurt/M. 1982, 2. Aufl. 1992.

GA 55 Heraklit. 1. Der Anfang des abendländischen Denkens (Sommersemester 1943) / 2. Logik. Heraklits Lehre vom Logos (Sommersemester 1944), hrsg. von Manfred S. Frings, Frankfurt/M. 1979, 2., durchges. Aufl. 1987, 3. Aufl. 1994.

2.3 Frühe Freiburger Vorlesungen 1919-1923

GA 56/57 Zur Bestimmung der Philosophie. 1. Die Idee der Philosophie und das Weltanschauungsproblem (Kriegsnotsemester 1919)/ 2. Phänomenologie und transzendentale Wertphilosophie (Sommersemester 1919)/ 3. Anhang: Über das Wesen der Universität und des akademischen Studiums (Sommersemester 1919), hrsg. von Bernd Heimbüchel, Frankfurt/M. 1987, 2., erg. Aufl. 1999.

GA 58 Grundprobleme der Phänomenologie (Wintersemester 1919/20), hrsg. von Hans-Helmuth Gander, Frankfurt/M. 1992, 2., durchges. Aufl. 2010.

GA 59 Phänomenologie der Anschauung und des Ausdrucks. Theorie der philosophischen Begriffsbildung (Sommersemester 1920), hrsg. von Claudius Strube, Frankfurt/M. 1993, 2., durchges. Aufl. 2007.

GA 60 Phänomenologie des religiösen Lebens. 1. Einleitung in die Phänomenologie der Religion (Wintersemester 1920/21), hrsg. von Matthias Jung und Thomas Regehly / 2. Augustinus und der Neuplatonismus (Sommersemester 1921) / 3. Die philosophischen Grundlagen der mittelalterlichen Mystik (Ausarbeitung und Einleitung zu einer nicht gehaltenen Vorlesung 1918/19), hrsg. von Claudius Strube, Frankfurt/M. 1995, 2., überarb. Aufl. 2011.

GA 61 Phänomenologische Interpretationen zu Aristoteles. Einführung in die phänomenologische Forschung (Wintersemester 1921/22), hrsg. von Walter Bröcker und Käte Bröcker-Oltmanns, Frankfurt/M. 1985, 2., durchges. Aufl. 1994.

GA 62 Phänomenologische Interpretationen ausgewählter Abhandlungen des Aristoteles zu Ontologie und Logik (Sommersemester 1922) / Anhang: Phänomenologische Interpretationen zu Aristoteles (Anzeige der hermeneutischen Situation). Ausarbeitung für die Marburger und die Göttinger Philosophische Fakultät (1922), hrsg. von Günther Neumann, Frankfurt/M. 2005.

GA 63 Ontologie. Hermeneutik der Faktizität (Sommersemester 1923), hrsg. von Käte Bröcker-Oltmanns, Frankfurt/M. 1988, 2. Aufl. 1995.

3. Abteilung: Unveröffentlichte Abhandlungen. Vorträge – Gedachtes

GA 64 Der Begriff der Zeit (1924), hrsg. von F.-W. von Herrmann, Frankfurt/M. 2004.

GA 65 Beiträge zur Philosophie (Vom Ereignis) (1936-1938), hrsg. von F.-W. von Herrmann, Frankfurt/M. 1989, 2., durchges. Aufl. 1994, 3. Aufl. 2003.

GA 66 Besinnung (1938/39), hrsg. von F.-W. von Herrmann, Frankfurt/M. 1997.

GA 67 Metaphysik und Nihilismus. 1. Die Überwindung der Metaphysik (1938/39) / 2. Das Wesen des Nihilismus (1946-1948), hrsg. von Hans-Joachim Friedrich, Frankfurt/M. 1999.

GA 68 Hegel. 1. Die Negativität (1938/39)/2. Erläuterung der »Einleitung« zu Hegels »Phänomenologie des Geistes« (1942), hrsg. von Ingrid Schüßler, Frankfurt/M. 1993, 2. Aufl. 2009.

GA 69 Die Geschichte des Seyns. 1. Die Geschichte des Seyns (1938/40)/2. Koinón. Aus der Geschichte des Seyns (1939), hrsg. von Peter Trawny, Frankfurt/M. 1998.

GA 70 Über den Anfang, hrsg. von Paola-Ludovika Coriando, Frankfurt/M. 2005.

GA 71 Das Ereignis, hrsg. von F.-W. von Herrmann, Frankfurt/M. 2009.

GA 72 Die Stege des Anfangs (1944), hrsg. von F.-W. von Herrmann.

GA 73 Zum Ereignis-Denken, hrsg. von Peter Trawny, Frankfurt/M. 2013.

GA 74 Zum Wesen der Sprache und Zur Frage nach der Kunst, hrsg. von Thomas Regehly, Frankfurt/M. 2010.

GA 75 Zu Hölderlin – Griechenlandreisen, hrsg. von Curd Ochwadt, Frankfurt/M. 2000.

GA 76 Leitgedanken zur Entstehung der Metaphysik, der neuzeitlichen Wissenschaft und der modernen Technik, hrsg. von Claudius Strube, Frankfurt/M. 2009.

GA 77 Feldweg-Gespräche (1944/45), hrsg. von Ingrid Schüßler, Frankfurt/M. 1995, 2., durchges. Aufl. 2007.

GA 78 Der Spruch des Anaximander, hrsg. von Ingeborg Schüßler, Frankfurt/M. 2010.

GA 79 Bremer und Freiburger Vorträge. 1. Einblick in das was ist. Bremer Vorträge 1949 (Das Ding – Das Ge-stell – Die Gefahr – Die Kehre) 2. Grundsätze des Denkens. Freiburger Vorträge 1957, hrsg. von Petra Jaeger, Frankfurt/M. 1994, 2., durchges. Aufl. 2005.

GA 80 Vorträge, hrsg. von Hartmut Tietjen.

GA 81 Gedachtes I. Frühe Gedichte – II. Aus der Erfahrung des Denkens – III. Gedachtes für das Vermächtnis eines Denkens – IV. Vereinzeltes, hrsg. von Paola-Ludovika Coriando, Frankfurt/M. 2007.

4. Abteilung: Hinweise und Aufzeichnungen

GA 82 Zu eigenen Veröffentlichungen, hrsg. von F.-W. von Herrmann.

GA 83 Seminare: Platon – Aristoteles – Augustinus, hrsg. von Mark Michalski, Frankfurt/M. 2012.

GA 84 Seminare: Leibniz – Kant Teil 1: Sommersemester 1931 bis Wintersemester 1935/36, hrsg. von Günther Neumann.

GA 85 Seminar: Vom Wesen der Sprache / Die Metaphysik der Sprache und die Wesung des Wortes / Zu Herders Abhandlung »Über den Ursprung der Sprache«, hrsg. von Ingrid Schüßler, Frankfurt/M. 1999.

GA 86 Seminare 1937/38 und 1941/42: Hegel – Schelling, hrsg. von Peter Trawny, Frankfurt/M. 2011.

GA 87 Nietzsche: Seminare 1937 und 1944. 1. Nietzsches metaphysische Grundstellung (Sein und Schein) / 2. Skizzen zu Grundbegriffe des Denkens, hrsg. von Peter von Ruckteschell, Frankfurt/M. 2004.

GA 88 Seminare: 1. Die metaphysischen Grundstellungen des abendländischen Denkens / 2. Einübung in das philosophische Denken, hrsg. von Alfred Denker, Frankfurt/M. 2008.

GA 89 Zollikoner Seminare, hrsg. von Claudius Strube.

GA 90 Zu Ernst Jünger, hrsg. von Peter Trawny, Frankfurt/M. 2004.

GA 91 Ergänzungen und Denksplitter.

GA 92 Ausgewählte Briefe I.

GA 93 Ausgewählte Briefe II.

GA 94 Überlegungen II-VI (Schwarze Hefte 1931-1938)I-VI, hrsg. von Peter Trawny, Frankfurt/M. 2014.

GA 95 Überlegungen VII-XI (Schwarze Hefte 1938/39), hrsg. von Peter Trawny, Frankfurt/M. 2014.

GA 96 Überlegungen XII-XV (Schwarze Hefte 1939-1941), hrsg. von Peter Trawny, Frankfurt/M. 2014.

GA 97 Anmerkungen II-V (Schwarze Hefte 1942-1948), hrsg. von Peter Trawny, Frankfurt/M. 2014.

GA 98 Anmerkungen VI-IX.

GA 99 Vier Hefte I – Der Feldweg / Vier Hefte II – Durch Ereignis zu Ding und Welt.

GA 100 Vigiliae I, II.

GA 101 Winke I, II.
GA 102 Vorläufiges I-IV.

b) Folgende Veröffentlichungen werden im Text unter den angegebenen Siglen zitiert:

VA Vorträge und Aufsätze, Pfullingen 1954.
SD Zur Sache des Denkens, Tübingen 1976.
SddU Die Selbstbehauptung der deutschen Universität. Rede, gehalten bei der feierlichen Übernahme des Rektorats der Universität Freiburg i. Br. am 27.5.1933. Das Rektorat 1933/34. Tatsachen und Gedanken, Frankfurt/M. 1983.
PA Phänomenologische Interpretationen zu Aristoteles (Anzeige der hermeneutischen Situation), hrsg. von H.-U. Lessing, in: Dilthey-Jahrbuch für Philosophie und Geisteswissenschaften, hrsg. von F. Rodi, Bd. 6, Göttingen 1989, S. 237-269.

c) Briefe

HBBr Martin Heidegger – Elisabeth Blochmann, Briefwechsel 1918-1969, hrsg. von J.W. Storck, Marbach am Neckar 1989.
HJBr Martin Heidegger – Karl Jaspers, Briefwechsel 1920-1963, hrsg. von W. Biemel/H. Saner, Frankfurt/M./München/Zürich 1990.
HJüBr Ernst Jünger – Martin Heidegger, Briefe 1949-1975, unter Mitarb. von Simone Maier hrsg. und mit einem Nachw. vers. von Günter Figal, Frankfurt/M. 2008.

2. Literatur über Martin Heidegger

Nach der Veröffentlichung der meisten Vorlesungen Heideggers im Rahmen der Gesamtausgabe sind viele Interpretationen aufgrund ihrer unzureichenden Textgrundlage veraltet. Im Folgenden sind deshalb vor allem neuere Titel aufgeführt; die älteren aufgeführten Titel sind entweder wegen ihrer spezifischen Fragestellungen von den späteren Veröffentlichungen Heideggerscher Texte nicht berührt oder sie dokumentieren wichtige Stadien der Wirkungsgeschichte Heideggers.

a) Bibliographien und Hilfsmittel

R.A. Bast/H. Delfosse, Handbuch zum Textstudium von Martin Heideggers »Sein und Zeit«, Bd. 1, Stuttgart-Bad Canstatt 1979.

H. Feick, Index zu Heideggers »Sein und Zeit«, Tübingen 1968; 4. Aufl. 1991.

H.M. Sass, Heidegger-Bibliographie, Meisenheim am Glan 1968.

Ders., Martin Heidegger. Bibliography and Glossary, Bowling Green (Ohio) 1982.

Ders. (Hg.), Materialien zur Heidegger-Bibliographie 1917-1972, Meisenheim am Glan 1975.

D. Thomä, Heidegger-Handbuch. Leben – Werk – Wirkung, Stuttgart 2013.

b) Biographisches

E. Ettinger, Hannah Arendt – Martin Heidegger. Eine Geschichte, München 1994.

G. Neske (Hg.), Erinnerung an Martin Heidegger, Pfullingen 1977.

Ders./E. Kettering (Hg.), Antwort. Martin Heidegger im Gespräch, Pfullingen 1988.

H. Ott, Martin Heidegger. Unterwegs zu seiner Biographie, Frankfurt/M./New York 1988.

H.W. Petzet, Auf einen Stern zugehen. Begegnungen und Gespräche mit Martin Heidegger 1929-1976, Frankfurt/M. 1983.

R. Safranski, Ein Meister aus Deutschland. Heidegger und seine Zeit, München 1994.

c) Einführungen

W. Biemel, Martin Heidegger in Selbstzeugnissen und Dokumenten, Reinbek 1973.

R. Brandner, Heidegger, Sein und Wissen. Eine Einführung in sein Denken, Wien 1993.

W. Franzen, Martin Heidegger, Stuttgart 1976.

T. Rentsch, Martin Heidegger – Das Sein und der Tod. Eine kritische Einführung, München/Zürich 1989.

G. Steiner, Martin Heidegger. Eine Einführung, München 1989.

H. Vetter, Grundriss Heidegger. Ein Handbuch zu Leben und Werk, Hamburg 2014.
K.H. Volkmann-Schluck, Die Philosophie Martin Heideggers. Eine Einführung in sein Denken, Würzburg 1996.

d) Sammelbände

J. Altwegg (Hg.), Die Heidegger Kontroverse, Frankfurt/M. 1988.
W. Biemel/F.-W. von Herrmann (Hg.), Kunst und Technik, Gedächtnisschrift zum 100. Geburtstag von Martin Heidegger, Frankfurt/M. 1989.
H. Buchner (Hg.), Japan und Heidegger. Gedenkschrift der Stadt Meßkirch zum hundertsten Geburtstag Martin Heideggers, Sigmaringen 1989.
A. Denker (Hg.), Heidegger und die Anfänge seines Denkens (= Heidegger-Jahrbuch, Band 1), Freiburg/München 2004.
Ders./M. Heinz/J. Sallis u.a. (Hg.), Heidegger und Nietzsche (= Heidegger-Jahrbuch, Band 2), Freiburg/München 2005.
Ders./G. Figal/F. Volpi u.a., Heidegger und Aristoteles (= Heidegger-Jahrbuch, Band 3), Freiburg/München 2007.
Ders./H. Zaborowski (Hg.), Heidegger und der Nationalsozialismus I. Dokumente (= Heidegger-Jahrbuch, Band 4), Freiburg/München 2010.
Dies. (Hg.), Heidegger und der Nationalsozialismus II. Interpretationen (= Heidegger-Jahrbuch, Band 5), Freiburg/München 2010.
Dies. (Hg.), Heidegger und Husserl (= Heidegger-Jahrbuch, Band 6), Freiburg/München 2012.
Dies. (Hg.), Heidegger und das ostasiatische Denken (= Heidegger-Jahrbuch, Band 7), Freiburg/München 2013.
D. Espinet (Hg.), Schreiben Dichten Denken. Zu Heideggers Sprachbegriff, Frankfurt/M. 2011.
Ders./T. Keiling (Hg.), Heideggers »Der Ursprung des Kunstwerks«. Ein kooperativer Kommentar, Frankfurt/M. 2011.
G. Figal (Hg.), Heidegger-Lesebuch, Frankfurt/M. 2007.
Forum für Philosophie Bad Homburg (Hg.), Heidegger: Innen- und Außenansichten, Frankfurt/M. 1989.
H.-H. Gander (Hg.), Europa und die Philosophie (Schriftenreihe der Martin-Heidegger-Gesellschaft, Bd. 2), Frankfurt/M. 1993.
Ders. (Hg.), »Verwechselt mich vor allem nicht!« Heidegger und Nietzsche

(Schriftenreihe der Martin-Heidegger-Gesellschaft, Bd. 3), Frankfurt/M. 1994.
A. Gethmann-Siefert/O. Pöggeler (Hg.), Heidegger und die praktische Philosophie, Frankfurt/M. 1988, 2. Aufl. 1989.
C. B. Guignon (Hg.), The Cambridge Companion to Heidegger, Cambridge 1993.
C. Jamme/K. Harries (Hg.), Martin Heidegger. Kunst – Politik – Technik, München 1992.
P. Kemper (Hg.), Martin Heidegger – Faszination und Erschrecken. Die politische Dimension einer Philosophie, Frankfurt/M./New York 1990.
C. Macann (Hg.), Martin Heidegger. Critical assessments, 4 Bde., London 1992.
Martin Heidegger – Fragen an sein Werk. Ein Symposion, Stuttgart 1977.
B. Martin (Hg.), Martin Heidegger und das »Dritte Reich«. Ein Kompendium, Darmstadt 1989.
D. Papenfuss/O. Pöggeler (Hg.), Zur philosophischen Aktualität Martin Heideggers.
Bd. 1: Im Gespräch der Zeit, Frankfurt/M. 1991.
Bd. 2: Philosophie und Politik, Frankfurt/M. 1990.
Bd. 3: Im Spiegel der Welt: Sprache, Übersetzung, Auseinandersetzung, Frankfurt/M. 1992.
O. Pöggeler (Hg.), Martin Heidegger. Perspektiven zur Deutung seines Werks, Köln 1969 (Neuauflage Frankfurt/M. 1984).
F. Rese (Hg.), Heidegger und Husserl im Vergleich, Frankfurt/M. 2010.
T.J. Sheehan (Hg.), Heidegger. The Man and the Thinker, Chicago 1981.
Wirkungen Heideggers. Neue Hefte für Philosophie, Heft 23, Göttingen 1984.

e) Monographien und Aufsätze

D. Aurenque, Ethosdenken. Auf der Spur einer ethischen Fragestellung in der Philosophie Martin Heideggers, Freiburg/München 2011.
D. Barbaric, Das Spätwerk Heideggers. Ereignis – Sage – Geviert, Würzburg 2007.
R.A. Bast, Der Wissenschaftsbegriff Martin Heideggers im Zusammenhang seiner Philosophie, Stuttgart-Bad Cannstatt 1986.
J. van Buren, The young Heidegger. Rumor of the hidden king, Bloomington 1994.

S. Crowell, Normativity and Phenomenology in Husserl and Heidegger, Cambridge 2013.
F. Dastur, Heidegger. La question du Logos, Paris 2007.
B. W. Davis, Heidegger and the will. On the Way to Gelassenheit, Evanston/ILL 2007.
H. Ebeling, Über Freiheit zum Tode, Freiburg i. Br. 1967.
V. Farías, Heidegger und der Nationalsozialismus, Frankfurt/M. 1989.
G. Figal, Für eine Philosophie von Freiheit und Streit, Stuttgart/Weimar 1994.
Ders., Der metaphysische Charakter der Moderne, in: H.-H. Müller/H. Segeberg (Hg.), Ernst Jünger im 20. Jahrhundert, München 1995.
Ders., Nochmals über die Linie, in: ders./H. Schwilk (Hg.), Magie der Heiterkeit. Ernst Jünger zum Hundertsten, Stuttgart 1995.
Ders., Wie philosophisch zu verstehen ist. Zur Konzeption des Hermeneutischen bei Heidegger, in: H. Vetter (Hg.), Siebzig Jahre Sein und Zeit. Wiener Tagungen zur Phänomenologie (= Reihe der Österreichischen Gesellschaft für Phänomenologie, Bd. 3), Frankfurt/M. u.a. 1999, S. 135-143.
Ders., Refraining from Dialectic. Heidegger's Interpretation of Plato in the Sophist Lectures (1924/25), in: C.E. Scott/J. Sallis (Hg.), Interrogating the Tradition. Hermeneutics and the History of Philosophy, Albany/N.Y. 2000, S. 95-109.
Ders., El pensar como un tomar aliento, in: Sileno. Variaciones sobre arte y pensamento 11, 2001, S. 53-60.
Ders., Zu Heidegger. Antworten und Fragen, Frankfurt/M. 2009.
Ders./H. Gander (Hg.), Heidegger und Husserl. Neue Perspektiven, Frankfurt/M. 2009.
Ders., Martin Heidegger – Phänomenologie der Freiheit, Tübingen 2013.
Ders., Die andere Seite der Philosophie. Zu Heideggers ›Schwarzen Heften‹, in: Journal Phänomenologie, 45 (2016), S. 101-118.
Ders., Radikal revisionär – Heideggers Seinsfrage nach den ›Schwarzen Heften‹, in: Journal Phänomenologie, 49 (2018), S. 5-16.
Ders., Heideggers ›Schwarze Hefte‹ im Kontext. Geschichte, Politik, Ideologie, hrsg. von David Espinet, Günter Figal, Nikola Mirkovic und Tobias Knieling, Tübingen 2018.
M. Flatscher, Logos und Lethe. Zur phänomenologischen Sprachauffassung im Spätwerk von Heidegger und Wittgenstein, Freiburg 2011.
H.-G. Gadamer, Heidegger im Rückblick. Teil I von: Hermeneutik im Rückblick (= Gesammelte Werke, Bd. 10), Tübingen 1995.

Ders., Heideggers Wege. Studien zum Spätwerk, Tübingen 1983 (erweiterte Fassung in: Gesammelte Werke, Bd. 3, Tübingen 1987).
H.-H. Gander, Selbstverständnis und Lebenswelt. Grundzüge einer phänomenologischen Hermeneutik im Ausgang von Husserl und Heidegger, Frankfurt/M. 2001.
A. García Düttmann, Das Gedächtnis des Denkens. Versuch über Heidegger und Adorno, Frankfurt/M. 1991.
C. F. Gethmann, Verstehen und Auslegung. Das Methodenproblem in der Philosophie Martin Heideggers, Bonn 1974.
A. Gethmann-Siefert, Das Verhältnis von Philosophie und Theologie bei Martin Heidegger, Freiburg i. Br./München 1974.
I. Görland, Transzendenz und Selbst. Eine Phase in Heideggers Denken, Frankfurt/M. 1981.
U. Guzzoni, Der andere Heidegger. Überlegungen zu seinem späteren Denken, Freiburg/München 2009.
K. Harries, Art Matters. A critical commentary on Heidegger's »The Origin of the Work of Art«, Dordrecht 2009.
F.-W. von Herrmann, Der Begriff der Phänomenologie bei Husserl und Heidegger, Frankfurt/M. 1981.
Ders., Hermeneutische Phänomenologie des Daseins. Eine Erläuterung von »Sein und Zeit«, Bd. 1 (Einleitung. Die Exposition der Frage nach dem Sinn von Sein), Frankfurt/M. 1987.
A. Jäger, Gott. Nochmals Martin Heidegger, Tübingen 1978.
K. Jaspers, Notizen zu Martin Heidegger, hrsg. von H. Saner, München/Zürich 1979.
T. Keiling, Seinsgeschichte und phänomenologischer Realismus. Eine Interpretation und Kritik der Spätphilosophie Heideggers, Tübingen 2015.
E. Kettering, NÄHE. Das Denken Martin Heideggers, Pfullingen 1987.
T. Kisiel, The Genesis of Heidegger's *Being and Time,* Berkeley/Los Angeles/London 1993.
P. Lacoue-Labarthe, Die Fiktion des Politischen. Heidegger, die Kunst und die Politik, Stuttgart 1990.
C. Lafont, Sprache und Welterschließung. Zur linguistischen Wende der Hermeneutik Heideggers, Frankfurt/M. 1994.
K. Leidlmair, Künstliche Intelligenz und Heidegger. Über den Zwiespalt von Natur und Geist, München 1991.
K. Löwith, Heidegger – Denker in dürftiger Zeit, Frankfurt/M. 1953

(um zusätzliche Texte erweitert in: Sämtliche Schriften, Bd. 8, hrsg. von B. Lutz, Stuttgart 1984).

W. Marx, Heidegger und die Tradition, Stuttgart 1961.

B. Merker, Selbsttäuschung und Selbsterkenntnis. Zu Heideggers Transformation der Phänomenologie Husserls, Frankfurt/M. 1988.

M. Michalski, Fremdwahrnehmung und Mitsein. Zur Grundlegung der Sozialphilosophie im Denken Max Schelers und Martin Heideggers, Bonn 1997.

H. Mörchen, Adorno und Heidegger. Untersuchung einer philosophischen Kommunikationsverweigerung, Stuttgart 1981.

D. Neu, Die Notwendigkeit der Gründung im Zeitalter der Dekonstruktion. Zur Gründung in Heideggers »Beiträgen zur Philosophie« unter Hinzuziehung der Derridaschen Dekonstruktion, Berlin 1997.

E. Nolte, Heidegger. Politik und Geschichte im Leben und Denken, Berlin 1992.

O. Pöggeler, Der Denkweg Martin Heideggers, Pfullingen 1963 (3., erweiterte Ausgabe 1990).

Ders., Heidegger und die hermeneutische Phänomenologie, Freiburg i. Br. 1983.

Ders., Neue Wege mit Martin Heidegger, Freiburg i.Br./München 1992.

G. Prauss, Erkennen und Handeln in Heideggers »Sein und Zeit«, Freiburg i. Br./München 1977.

J. Richardson, Heidegger (The Routledge Philosophers), London/New York 2012.

W. J. Richardson, Heidegger. Through Phenomenology to Thought, Den Haag 1963.

S. Rosen, The Question of Being. A Reversal of Heidegger, New Haven/London 1993.

D. J. Schmidt, Idiome der Wahrheit, übers. von N. Mirkovi, Frankfurt/M. 2014.

R. Schürmann, Le Principe d'Anarchie. Heidegger et la Question de l'Agir, Paris 1982.

A. Schwan, Politische Philosophie im Denken Heideggers, Opladen 1989.

D. Thomä, Die Zeit des Selbst und die Zeit danach. Zur Kritik der Textgeschichte Martin Heideggers 1910-1976, Frankfurt/M. 1990.

M. Steinmann, Die Offenheit des Sinns. Untersuchungen zu Sprache und Logik bei Martin Heidegger, Tübingen 2008.

E. Tugendhat, Der Wahrheitsbegriff bei Husserl und Heidegger, Berlin 1970.

Ders., Selbstbewußtsein und Selbstbestimmung, Frankfurt/M. 1979.

S. Vietta, Heideggers Kritik am Nationalsozialismus und an der Technik, Tübingen 1989.

F. Volpi, Heidegger e Aristotele, Padua 1984.

M.E. Zimmermann, Heidegger's Confrontation with Modernity, Bloomington 1990.

Zeittafel

1889	Am 26. September wird Heidegger in Meßkirch geboren.
1909	Ende der Schulzeit; Beginn des Studiums der Theologie in Freiburg i. Br.
1911	Studium der Philosophie, Geistes- und Naturwissenschaften.
1913	Promotion.
1915	Habilitation.
1917	Heirat mit Elfride Petri.
1918	Assistent von Edmund Husserl in Freiburg i. Br.
1919	Geburt des Sohnes Jörg.
1920	Geburt des Sohnes Hermann.
1923	Berufung nach Marburg.
1927	Publikation von *Sein und Zeit*.
1928	Berufung nach Freiburg i. Br.
1933	Wahl zum Rektor der Freiburger Universität.
1934	Rücktritt vom Amt des Rektors.
1946	Lehrverbot durch die Besatzungsmacht (bis 1949).
1951	Ordentliche Emeritierung; Wiederaufnahme der Lehrtätigkeit.
1975	Der erste Band der Gesamtausgabe wird publiziert.
1976	Heidegger stirbt am 26. Mai in Freiburg i. Br. und wird zwei Tage später in seinem Geburtsort Meßkirch beigesetzt.

Günter Figal lebt und arbeitet als Philosoph in Freiburg im Breisgau. Von 1989 bis 2002 war er Professor für Philosophie an der Universität Tübingen, von 2002 bis 2017 Ordinarius für Philosophie an der Universität Freiburg im Breisgau. Zahlreiche Gastprofessuren, u.a. an der Kwansei Gakuin Universität in Nishinomiya, als Inhaber des Kardinal-Mercier-Lehrstuhls an der Universität Leuven, als Gadamer Distinguished Visiting Professor am Boston College, an der Universität Turin als Inhaber des International Chair of Philosophy Jacques Derrida, an der Universität Salzburg und an der East China Normal University in Shanghai. Seine Manuskripte und Korrespondenzen werden seit 2015 vom Deutschen Literaturarchiv in Marbach am Neckar archiviert.

Veröffentlichungen u.a.: Japan im Westen. Kengo Kumas Meditationshaus im »Kranzbach« (2020); Gefäße als Kunst. Erfahrungen mit japanischer Keramik (2019); Philosophy as Metaphysics. The Torino Lectures (2019); Gegenständlichkeit. Das Hermeneutische und die Philosophie, 2. überarbeitete Auflage (2018); Ando. Raum Architektur Moderne (2017); Freiräume. Phänomenologie und Hermeneutik (2017); Unwillkürlichkeit. Essays über Kunst und Leben (2016); Unscheinbarkeit. Der Raum der Phänomenologie (2015); Simplicity. On a Bowl by Young-Jae Lee / Einfachheit. Über eine Schale von Young-Jae Lee (2014); Martin Heidegger. Phänomenologie der Freiheit. Revidierte und ergänzte Neuauflage (2013); Kunst. Philosophische Abhandlungen (2012); Erscheinungsdinge. Ästhetik als Phänomenologie (2010); Verstehensfragen. Studien zur phänomenologisch-hermeneutischen Philosophie (2009); Nietzsche. Eine philosophische Einführung (1999); Der Sinn des Verstehens (1997). Persönliche Website: www.guenterfigal.eu